みんなが誤解している雑学

常識のウソ研究会　編

彩図社

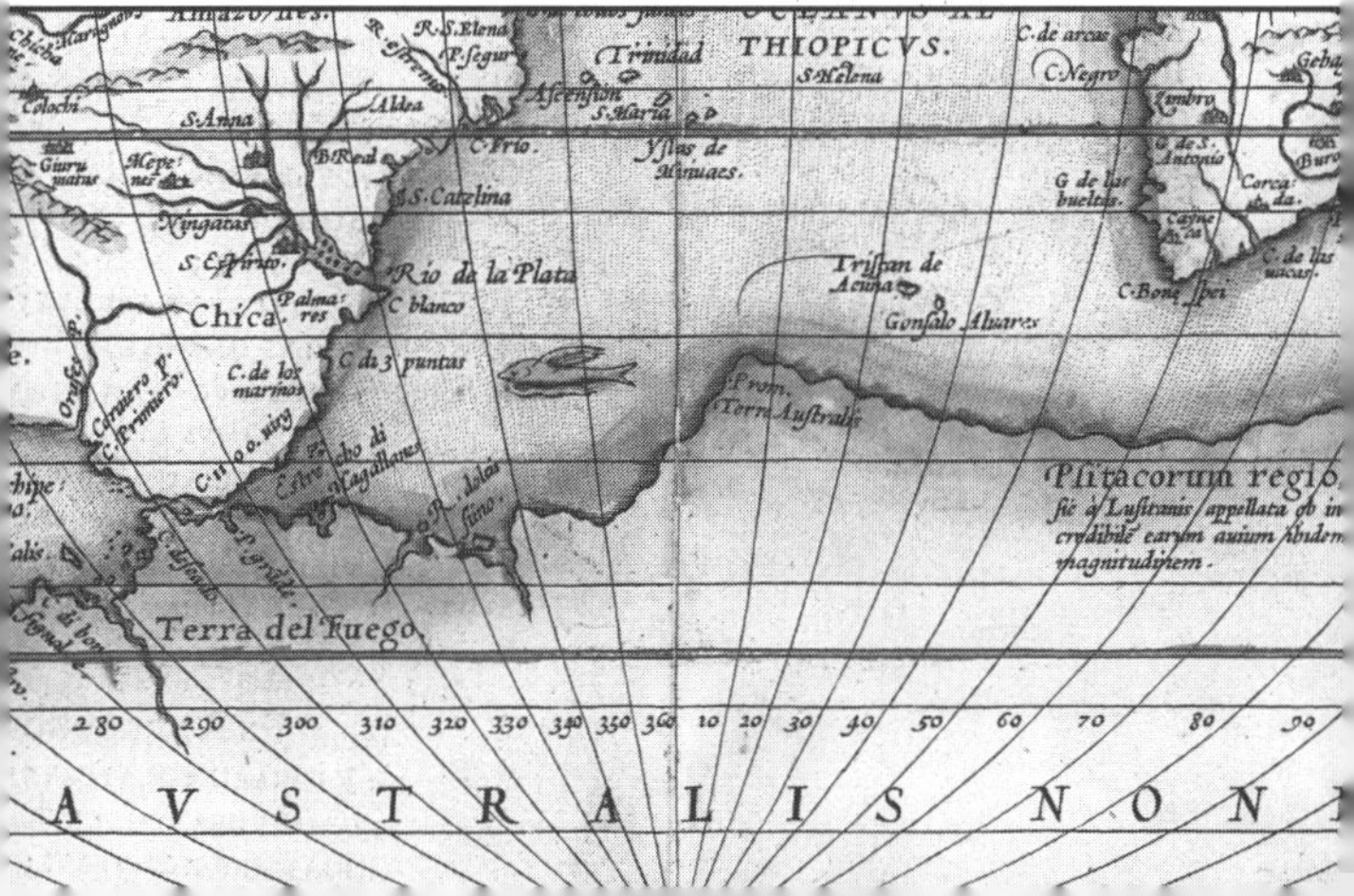

はじめに

あらゆる分野に関して広い知識を持っている人というのは、魅力的に見えるものです。豊富な知識がある人から聞く話は非常に面白く、また説得力もあります。幅広い教養がいざというときに役立つということもあるでしょう。

世間には、そんな知識を身につけるための本が数多く出版されています。また最近ではパソコンやスマートフォンから簡単にアクセスできるコンテンツも登場しており、いわゆる「雑学」的な情報は簡単に手に入るようになりました。

ところが、あらゆる知識を簡単に手に入れられるようになった反面、根拠のないデマ情報を信じ込んでしまっているというケースも増えてきました。悪質なフェイクニュースはもちろんですが、普段の会話のなかに登場するちょっとした「豆知識」ひとつ取ってみても、間違った情報が飛び交っていることが多々あるのです。

そして厄介なのが、もはや常識レベルで浸透している有名な雑学であればあるほど、間違って広まっているケースが多いということ。

例えば私たちの多くはサウナで汗をかくとデトックス効果が得られると信じ込んでいますが、実際に汗に含まれている老廃物はごくわずかしかなかったりするのです。

本書では、このように多くの人々が誤解している雑学を「常識」「歴史」「文化」「人体・生物」「言葉」「スポーツ・エンタメ」の6ジャンルから幅広く紹介しています。全200項目、面白く、ためになるものを厳選して収録しました。

日常の豆知識から、アッと驚く大誤解まで、自分の中の「常識」がひっくり返る驚きを楽しんでいただければ幸いです。

常識のウソ研究会

第1章　常識の誤解

第2章　歴史の誤解

第3章　文化の誤解

第4章 生物の誤解

第5章　言葉の誤解

第6章 スポーツ エンタメの誤解

第1章

常識の誤解

001

日本史上、2番目に高かったタワーは？

現在、日本で一番高い塔といえば東京スカイツリー（634m）である。ではスカイツリー完成以前、日本史上で最も高かった塔といえば何だろうか。多くの方は東京タワーだと答えるかもしれないが、実はそれは間違い。日本史上2番目に高い塔は、「対馬オメガ局（通称・オメガタワー）」である。

オメガタワー（写真中央）

オメガタワーは、アメリカ合衆国が開発した「オメガ航法」という電波航法のための送信局として、1975年より長崎県の対馬で運用が開始された。地上454・83mの高さを誇っており、2010年9月に東京スカイツリーが地上461mになるまでは、日本史上最も高い建造物だったということになる。

なおオメガタワーは1998年にGPSの台頭により閉局に追い込まれ、2000年3月に解体が完了した。

002

鳥取砂丘は日本最大の砂丘ではない

猿ヶ森砂丘という砂丘をご存じだろうか。青森県下北半島、太平洋側の海岸に沿って伸びる砂丘だ。南北約17キロメートルにも渡って広がるこの猿ヶ森砂丘は、面積にすると約1500ヘクタール。日本最大の砂丘ということになる。「あれ？　日本最大の砂丘は鳥取砂丘じゃなかったの？」と思われる方もいるだろう。しかし鳥取砂丘は面積にして約550ヘクタールで、実は猿ヶ森砂丘の3分の1ほどの広さしかないのである。ここまで大きな砂丘なのに、なぜ知名度が低いのだろうか。その理由は、猿ヶ森砂丘の使われ方にあった。

猿ヶ森砂丘の敷地の大半は防衛省の傘下である防衛装備庁の管轄にあり、下北試験場として使われている。簡単に言えば、戦車や武器の射撃試験などが行われている場所である。それゆえ鳥取砂丘のように観光地化はされておらず、一般人の立ち入りは制限されているのだ。

歩くと「キュッ」と音がする「鳴き砂」や珍しい動物との遭遇など貴重な体験ができる場所でもあるが、道もあまり整備されておらず、基本的に観光には向かないようだ。

003

エアーズロックは世界最大の一枚岩ではない

エアーズロックといえば、オーストラリアの有名な観光名所。1987年には世界遺産にも登録されており、毎年多くの観光客を集めている。そのような背景もあってか、エアーズロックはしばしば「世界最大の一枚岩」と称されるが、それは間違いである。エアーズロックの大きさは、世界で二番目だ。では世界最大の一枚岩はというと、奇しくも同じオーストラリアにある「マウント・オーガスタス」という岩である。エアーズロックが高さ335mなのに対して、こちらは858m。およそ2・5倍だ。大きさにはこのように明らかな差があるのに、なぜエアーズロックの方が有名なのだろうか。

一つには、アクセスの問題がある。エアーズロックは比較的訪れやすい位置にあり、周辺も観光地としてにぎわっているのに対し、マウント・オーガスタスは主要都市から遠く、周辺にはあまり人もいない。加えて、エアーズロックにはオーストラリアの先住民であるアボリジニの壁画が残っており、観光地としての価値が高いというのも理由だとされている。

004

秋葉原電気街の地名は「秋葉原」ではない

秋葉原といえば、アニメやゲームのグッズを扱う店が軒を連ねる電気街が有名だ。オタク文化の発信地として知られる街だが、ここの地名は秋葉原ではないということはご存じだろうか。

ＪＲ秋葉原駅の西側・電気街口を出た先の中央通り周辺は、「千代田区外神田」という地名である。つまり、オタクの聖地としてイメージされる「アキバ」はおおよそ外神田ということになる。なお、ＪＲ秋葉原駅〜神田駅周辺には「神田○○町」という名前が多く存在し、電気街の近くにはアニメ『ラブライブ！』の聖地としても知られる神田明神もある。

では「秋葉原」はどこにあるのだろうか。ＪＲ秋葉原駅の北東、電気街のはずれに「台東区秋葉原」という地名がある。ここは一辺わずか百数十メートル程度の小さな区域で、「秋葉原」らしいものといえば、アニソンクラブとして有名な「ＭＯＧＲＡ《モグラ》」くらいだ。

ちなみに「秋葉原」という地名は、火除けの神様を祀る「秋葉《あきは》神社」が建立されたことに由来するのだが、現在この神社は上野駅近くに移されている。

005

温かくなくても「温泉」?

「温泉」の定義をご存じだろうか。おそらく多くの人は「一定以上の温度が必要」や「○個以上の効能がある」といった項目を思い浮かべるだろう。

温泉の保護等を目的に制定された「温泉法」という法律を見てみると、「温泉」はこのように定義されている。

・源泉温度が25℃以上である。

または

・温泉成分に関する19の条件のうち最低一つが規定値に達していること。

確かに温度や効能の話は出てきているが、重要なのは「または」という部分だ。つまりストレスや肩こりを軽減できるような効能成分が一切入っていなくても、25℃以上あればそれは温泉だと言うことができるし、逆に一つでも効能成分があれば、冷たくてもそれは温泉なのである。両方を満たしている必要はないのだ。

006

旅館の布団は畳まずに帰るべし

旅館に宿泊して帰るとき、清掃係の手間を省いてあげようと、布団を畳んでから帰るという人も多いだろう。「来たときよりも美しく」という言葉があるように、常識として、あるいは礼儀の一環としてそうするべきだと思われるかもしれないが、旅館側からすると、かえってありがた迷惑と思われることもあるのだ。

掃除のときはシーツやカバーなどを新しいものに取り換えるため、布団が畳んであると外す手間がかかってしまう。また同時に、布団に挟まった忘れ物をチェックするため、どのみち畳んである布団を広げ直さなければいけない。さらに、朝起きてすぐに布団を畳むと、汗による湿気でダニやカビが繁殖する原因にもなりかねない。そのため、「布団は畳まずに放っておいてほしい」というのが旅館側の本音だという。とはいえ、旅館にはそれぞれのやり方があるので、スタッフに任せるのがベターだと思われる。善意のつもりでやったことがかえって仇《あだ》となってしまうことはあるが、常識にとらわれず、臨機応変な対応も心掛けておきたい。

007

インターチェンジは通り過ぎても戻れる

高速道路を走っていて、降りる予定だったインターチェンジをうっかり通り過ぎてしまった経験はないだろうか。実は、こうした際の救済措置として「特別転回」というものがあり、これを利用すれば余計な時間やお金を使うことなく戻ることができる。

目的のインターチェンジを通り過ぎてしまったら、まずはそのまま進み、次のインターチェンジで降りる。その出口で一般レーンに進み、スタッフに事情を説明すると、戻れるよう案内してもらえる。この際、追加料金は発生しないので、最初に入ったインターチェンジから目的のインターチェンジまでの料金で済むのだ。なお、ＥＴＣ専用出口から出てしまった場合や、インターチェンジの構造によっては対応してもらえないことがあるので注意が必要である。

ちなみに、誤って一般道から高速道路に入ってしまった場合でも、入口料金所のインターホンでその旨を伝えれば引き返すことができる。高速道路での逆走は禁止されており、大変危険なので、絶対にバックやＵターンをしてはいけない。

008

「星の砂」の正体は虫の殻

「星の砂」というものをご存じだろうか。沖縄県竹富島の砂浜などで見られる、一粒一粒が星のような形をした砂のことである。小さな瓶に詰めて可愛くパッケージされたものは、沖縄をはじめとする海沿いの地域のお土産として大変人気だ。

ただこの星の砂、大変ロマンティックな感じがするが、正体は有孔虫《ゆうこうちゅう》という虫の殻である。

有孔虫というのは、植物や動物、菌類には分類されない「原生生物」と呼ばれる種類の生物だ。殻に覆われており、その中にある細胞が本体である。有孔虫は死ぬと中身が分解され、殻だけが残る。その残った殻が、星の砂というわけなのだ。

有孔虫は、サンゴ礁が生息できるようなきれいな海を好む。沖縄県に集まっているのはそのためである。

浜によっては星の砂の採集が禁止されているところもあるので、観光などで訪れた際はきちんと注意するようにしたい。

009

ダイヤモンドは簡単に砕ける

ダイヤモンドは非常に硬い物質として知られているが、世間ではしばしばその「硬さ」について誤解されているケースがある。確かにダイヤモンドは硬い物質ではあるが、それは「砕けない」ということとイコールではないのだ。

そもそも「硬さ」には二種類ある。一つは「キズの付きにくさ」、もう一つは「破壊に耐える力」だ。ダイヤモンドが特に優れているのは前者、つまり「キズの付きにくさ」である。「破壊に耐える力」の方も低くはないのだが、ハンマーなどで叩けば簡単に割ることができてしまうのだ。「破壊に耐える力」の面で優れていると言える宝石は、ダイヤモンドよりもむしろルビー、サファイア、翡翠《ひすい》である。

「ダイヤモンドは硬いから大丈夫」と信じ込んで雑に扱ってしまうと、思いがけず欠けたりヒビが入ったりしてしまうことがある。例えば家事のときは指輪を外すようにするなど、大事に扱うのが良いだろう。

010

雨のしずくは「まんじゅう型」

実際に見たことはないのに、皆がなんとなくその形のイメージを共有している……。私たちの社会には、そういうものが多数存在している。「オバケ」や「神様」だけでなく、もっと身近な物であっても、それは同じだ。

代表的な例を挙げるとしたら、雨粒ではないだろうか。降ってくる雨粒を肉眼ではっきりと捉えることは不可能だが、私たちは「雨粒」といったら、漫画や絵本で見るような「しずく型」をイメージしてしまう。しかし実際、雨粒はあのような「しずく型」をしていない。言うなれば「まんじゅう型」である。

まず、空中の雨粒には表面張力が働いている。これによって雨粒は表面の面積をできるだけ小さくしようとし、球体になる。そこにもう一つ加わるのが、空気抵抗だ。この空気抵抗によって底の部分が潰されるため、結果的に雨粒は「まんじゅう」のような形になるというわけだ。

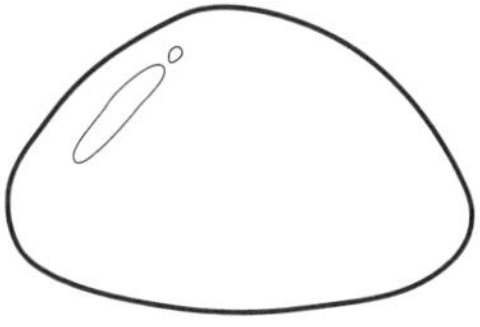

まんじゅう型の雨粒のイメージ

011

朝顔は朝になったら咲くわけではない

朝顔といえば、日本人にとっては最もなじみ深い花の一つだろう。夏休みの宿題で観察日記を書いたという人も多いのではないだろうか。

そんな朝顔の一番の特徴は、早朝に花が開き、昼前にはしぼんでしまうという点だ。「朝顔は朝日を感じて花が開いている」というイメージを持っている人も多いが、実は朝顔の開花は朝日とは関係がない。関係しているのはその日の日没時間である。

朝顔の開花と朝日は無関係

朝顔は日没から8～10時間で開花すると言われている。つまりその日の日没が早いほど開花も早まるし、また逆も然《しか》りというわけだ。一日の中で比較的涼しい早朝に花を開くことで、虫に来てもらいやすくなるというメリットがある。

ちなみに朝顔がしぼむのは、暑さや乾燥から花の中のめしべを守るためだ。そのため湿気の多い雨の日などは、比較的長く咲いていることが多い。

012

スマホの通話の声は本人の声ではない

携帯電話やスマホで通話の際に聞こえる声が、話し相手本人の声ではないということをご存じだろうか。実はその声は、本人の声そっくりに合成された機械の音声なのである。

電話線につながっている固定電話では、糸電話のように声の波形がそのまま電気の波形に変換されて届く。しかし、人間の声そのものは非常にデータ量が大きく、無線で通信する携帯電話やスマホの回線では届けにくい。そこで、データ量を減らすための技術が必要となるのだ。

まず、人間の声を「声の特徴」と「音の情報」に分解する。しかし、音の情報だけをデータ化して再現するとロボットのような声になってしまう。そこで次に、話し手の声の特徴に似ている音源をコードブック（音の辞書）の中から探す。コードブックには音の素となる組み合わせパターンが約43億収録されており、話し手の声に似たパターンを見つけたら、音の情報と一緒に送信する。すると受け手の端末では送信された情報をもとに音声が合成され、話し手そっくりの声が聞こえるのだ。多くの人が合成音声とは気付かないほど、すごい技術なのである。

013

ガスはもともと無臭

例えば家でガスコンロを使っているとき、どこからかガスのニオイがしたとする。あなたは当然ガスが漏れているのではないかと判断し、ニオイの元を探し当てるまで火を使うのを控えるだろう。

このように、私たちの生活の中で「ガスのニオイ」というのは当たり前に認識されている。ところが、実はコンロに使われるようなガスというのはそもそも無臭の物質である。付臭剤をつかって、わざと私たちが嫌がるニオイをつけているのだ。

なぜ、そのようなことをするのだろうか。答えは、先ほど挙げた例の中にある。つまりもしガスが無臭だった場合、私たちは「どこからかガスが漏れている」などということを察知できず、それが大きな事故につながることもありえるというわけだ。そのような事態を防ぐために、「ガス事業法」という法律でガスにニオイを付けることが定められているのである。なお、人体に有害な物質は使用されていないので、そこは安心して良いだろう。

014

風邪薬で風邪は治らない

現代に至るまで医療技術は目覚ましい発展を遂げてきたが、残念ながらいまだに特効薬が開発されていない病気も存在する。「アルツハイマー病」や「がん」と並んで、実は「風邪」の特効薬もこの世には存在しないことをご存じだろうか。

そもそも「風邪」というのは、鼻やのどの粘膜にウイルスが侵入して起きる炎症の総称だ。私たちが病院やドラッグストアで手に入れる「風邪薬」はこれらの炎症を抑える薬でしかなく、「風邪」のウイルス自体を死滅させるものではないのである。

また、抗生物質は細菌に対してのみ効果を発揮する薬なので、こちらもウイルスには直接作用するものではない。

しかし、だからといって薬を全く飲まないというのはお勧めできない。薬によって症状が軽くなるのは事実であるし、その方が結果的に治りが早くなるからだ。風邪をひいてしまった際には安静にしつつ、症状に応じた薬をきちんと飲むのが良いだろう。

015

マスクを信頼しすぎるのは危険？

新型コロナウイルス感染症の流行により、予防のためにマスクをつけて生活するのが当たり前の社会になった。しかし、コロナウイルスに限らず風邪やインフルエンザなど、ウイルスの予防のためのマスクは効果的でないという説があるのをご存じだろうか。

例えば一般的な不織布マスクの網目は5マイクロメートル程度だが、インフルエンザのウイルスは0・1マイクロメートル程度。網目を簡単にすり抜けてしまうのだ。

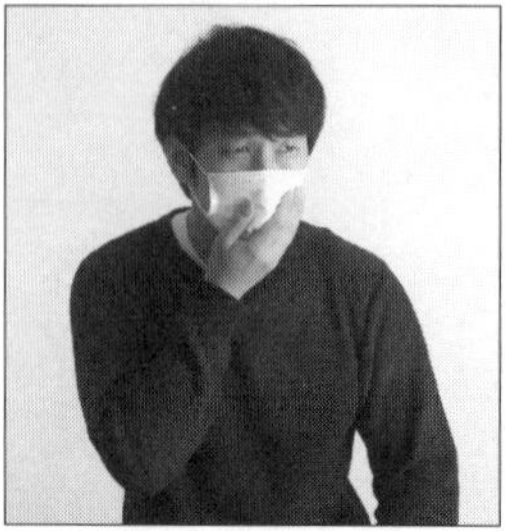

「マスクをしているから感染の心配はない」とは言い切れない

ではマスクは何のためにあるのか。マスクが最も効果を発揮するのは、患者がマスクをつけたときだとされている。ウイルスは咳やくしゃみの飛沫に含まれているが、マスクはその飛沫を遮断することができるのだ。

現在ではマスクはウイルス感染の予防にも一定の効果があるという説も出てきてはいるが、「マスクをしているから大丈夫」と油断しすぎるのは危険かもしれない。

016

小児科に年齢制限は定められていない

中学生までは小児科、高校生になったら内科を受診するものだと、なんとなく思っている人も多いのではないだろうか。実際、小児科を受診する目安は15歳前後までと言われている。15歳以上は成人と同量の薬を服用できることが多く、内科のほうが使える薬の種類も多くなるためだ。だが、「大人になったら小児科で診てもらえない」というわけではない。

「小児科を受診できるのは何歳まで」という明確な基準が定められているわけではない。子どもと大人ではかかりやすい病気や感染症が違うため、子どもは小児科で診察を受けるのが原則だ。しかし、てんかんや小児糖尿病などの持病がある場合は、成人後であっても子どものときからお世話になっている小児科で診てもらうことがある。また、子どもの病気がうつってしまった親が、子どもと一緒に小児科で診察を受けられることもある。大人には大人に合った診察や治療が必要となるため、内科を受診するのが望ましいが、どうしても子どもと同じところで診てもらいたい事情があれば、相談してみるのも手だ。

017

「カロリーゼロ」にもカロリーがある？

健康に気を使う人たちのために、カロリーが低減された食品がたくさん売られているが、その表示を見ると「カロリーゼロ」や「ノンカロリー」などと書かれている。しかし、いくら「ゼロ」や「ノン」と書かれていても、それが0キロカロリーを意味するとは限らない。

内閣府が定めた食品表示基準では、100グラム（飲み物なら100ミリリットル）あたり5キロカロリー未満であれば0と表示できると定められている。つまり、カロリーゼロと謳われていても実際には微量のカロリーを含むことがあるのだ。また、「カロリー控えめ」や「ライト」などは、食品なら100グラムあたり40キロカロリー、飲み物なら100ミリリットルあたり20キロカロリー未満のものが該当する。さらに「カロリーオフ」「カロリーカット」などと書かれている場合は、比較されたものよりカロリーが25％以上低減されていることを示す。

カロリーを抑えた文言が表示されているからといって、それを妄信してしまうのはよくない。表示の正しい意味を理解して食品を選ぶことが大切だ。

018

取調室でカツ丼を食べさせてはいけない

刑事ドラマでの取り調べといえば、刑事が「カツ丼でも食うか?」と言って、被疑者にカツ丼を奢るというシーンがお約束だが、実は現在では、むしろ禁止されている行為である。

1960年代から多くのフィクションで「取り調べ中のカツ丼」が登場して定番となった。1963年に実際に起きた「吉展《よしのぶ》ちゃん誘拐殺人事件」でも取り調べ中にカツ丼が出されたという話があり、このイメージが定着するきっかけになったという説もある。しかし現在では、取り調べ中にカツ丼を出すと「自白のために利益を与えた」と疑われ、違法捜査となるおそれがある。つまり、カツ丼を奢ったことで自白を得た場合、本人の意志で自白したとはみなされず、証拠が認められない可能性が高まってしまう。これはパンやたばこなどでも同様だ。

では実際の食事はというと、逮捕された被疑者は留置所に用意された弁当を食べることになる。もし仮に取調室でカツ丼を食べることがあったとしても、被疑者の自腹でなければならないそうだ。ドラマのように情けをかけることはできないのである。

019

「財布を拾ったら1割もらえる」とは限らない

「財布を拾って警察に届けたら、謝礼として中身の1割がもらえる」という話は小学生でも知っているくらいの常識だろう。だが実は、1割というのはあくまで目安にすぎない。

落とし物について定めている法律が「遺失物法」である。その28条によると、落とし主は落とし物の5～20％の金額を、拾った人に支払う義務がある。これは財布だけでなくスマホなどの物を落とした場合でも同じで、落とし物が何円の価値を持つのかを考慮することになる。報労金（お礼）は5～20％の範囲内なので1割とは限らず、何％を支払うのが適切かは、落とし主と拾い主で話し合って決めることになるのだが、この話し合いには警察は関与しない。

ただし、落とし主には支払い義務があるが、拾い主が報労金を受け取る権利を放棄することができる。実際、ほとんどの人が「お礼はいりません」と言ってかっこよく去って行くそうだ。一方で、お礼を過剰に要求するがめつい人も中にはいるようで、こういうときに人間のモラルが垣間見えるのかもしれない。

020

自白しても刑が軽くならないことがある

自首をすると刑が軽くなるというのは有名な話かもしれない。自首によって逮捕や勾留を回避できたり、不起訴や執行猶予になったりする可能性が高まるのだが、これには条件がある。

自首とは、犯人もしくは犯罪自体が発覚していない状態で、自分の犯罪について自発的に捜査機関（主に警察）へ申告することをいう。裏を返せば、犯人が特定された状態で犯罪を申告しても自首は成立せず、この場合は捜査機関への「出頭」となる。そのため、刑事ドラマで指名手配犯に自首をすすめるシーンがあっても、この場合は「出頭」ということになる。また、取り調べ中や職務質問中に罪を自白しても、自発的な申告ではないため自首は認められない。ただし、自首が認められなくても、正直に白状したという事情は考慮される場合がある。

一方で、刑法42条には「罪を犯した者が捜査機関に発覚する前に自首したときは、その刑を減軽することができる」とある。すなわち、自首が成立した場合でも、あくまで刑を減軽することが「できる」だけであり、基本的には裁判官の判断に委ねられることになる。

021

サイレンは一種類ではない

緊急時を知らせるために鳴らされるサイレン。できればあまり聞きたくない音ではあるが、一口に「サイレン」といってもいろいろな種類があることをご存じだろうか。

例えば消防車。最もイメージしやすいのは「ウー」という音だと思うが、これは火災以外の災害現場に向かうときのサイレンだ。火災現場に向かうときは、「ウー、カン、カン」と鐘の音が入ったものが鳴らされる。一方でパトカーのサイレンは、消防車より少し高めの「ウー」という音が鳴る。なお、刑事ドラマなどで「ファンファン」という音をたまに耳にするが、これは現在日本では使われていないようだ。

救急車は「ピーポーピーポー」というサイレン音でおなじみだが、実はもう一つ「住宅モード」というのがある。これは少し低い音を出すことで、周囲の住宅の迷惑を軽減することができるモードである。

このように、サイレンにはさまざまな工夫が施されているのだ。

022

不良のあの髪型はリーゼントではない

一昔前のツッパリやヤンキーの象徴であるリーゼントといえば、氣志團や横浜銀蝿といったバンドのメンバーでもおなじみのあの髪型……と思う人もいるかもしれないが、ここで想像されるようなあの出っ張った髪型は「リーゼント」とは呼ばない。本来のリーゼントは側頭部から後頭部にかけて髪を撫で付けた髪型を指す。

一方、「リーゼント」と誤解されがちな、前髪を大きく膨らませた髪型は「ポンパドール」と呼ばれる。これはルイ15世の愛人であった夫人の名に由来し、彼女の行っていたヘアスタイルがきっかけで広まった。日本でポンパドールといえば女性の髪型だが、ツッパリの髪型も正式には「ポンパドール」である。エルヴィス・プレスリーのようにリーゼントとポンパドールを合わせて使うことが多いため、このような混同が起きたと考えられている。

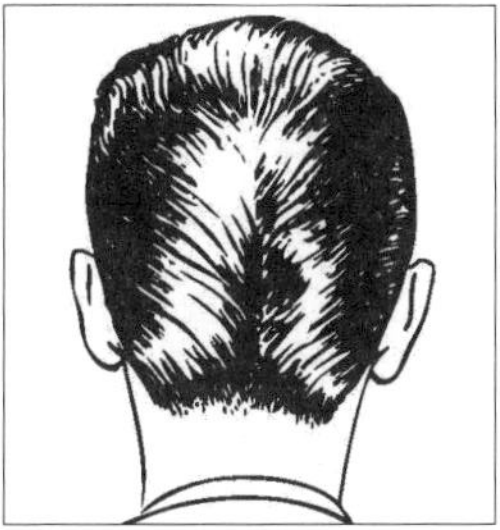
本来の「リーゼント」

023

ピースサインの意外な起源

スマートフォン・SNSの普及で、私たちが写真を撮る回数は格段に増えた。それに伴い写真を撮る際のポーズもさまざまなものが流行しては消えていくが、永遠のスタンダードといえばやはり「ピースサイン」だ。その名の通り「平和」というポジティブな意味が込められたサインであるが、実はその起源は、「平和」どころか「争い」にあったということをご存じだろうか。

一説によると、ピースサインの起源は中世ヨーロッパの「百年戦争」にあるという。当時、長弓を使いフランス兵を圧倒していたイングランド兵は、弓を引くのに使う人差し指と中指を立てたポーズをとって相手を挑発していたのだ。

そんなピースサインが「平和」の意味を持ったのは、当時イギリスの首相だったチャーチルがきっかけだと言われている。ナチスドイツで使われていた“Victory”の「Vサイン」を、「平和」を示すピースサインとして使い始めたのだ。その後ベトナム戦争に対する反戦運動でも使われるようになり、世界中に広まっていったとされている。

024

海外でやってはいけないハンドサイン

ピースサインやＯＫサインなどハンドサインにもいろいろあるが、中には人を傷つけかねないものもある。一般的に中指を立てるサインや、親指を立てて逆さにするサムズダウンなどが知られているが、日本で普段何気なく使っているものが海外ではとんでもない意味を持つことがある。

例えば親指を立てるサムズアップは「いいね！」という良い意味を持つことが多いが、ギリシャや中東では中指を立てるくらい失礼なことだとされる。ギリシャでは他にも、手をパーにして相手に向ける動作を「ムンザ」といい、最大限の侮辱とされている。

同意を表すＯＫサインも、日本では「金」という意味になることがあるが、フランスでは「ゼロ」つまり「無能」という意味になり、ギリシャ・ブラジル・トルコなど多くの国では性的な侮辱となるそうだ。写真撮影のときのピースサインも、相手に手の甲を向けるときは気を付けよう。イギリスやオーストラリアでは挑発や侮蔑の意味に取られることがある。

025

深読みされ過ぎたアップル社のロゴ

アップル社のロゴに関する話で有名なのが、「デザインに黄金比が使われている」というもの。黄金比とは、私たち人間が本能的に美しいと感じる比率のことだ。古くはパルテノン神殿や凱旋門にも見られるこの黄金比だが、実はアップル社のロゴにもこの黄金比が用いられているという噂が囁かれているのである。

しかしこの噂は、ロゴをデザインしたロブ・ジャノフ氏本人が否定している。そもそもこのロゴはロブ氏のフリーハンドで描かれたものであり、黄金比のことは考慮されていなかったというのだ。

他に有名なのは、リンゴがかじられている理由に関する都市伝説だ。「bite《バイト》（＝かじる）をbyte《バイト》（＝データ量の単位）とかけている」や「アダムとイヴの禁断の果実を表している」など諸説あるが、これもデザインした本人がすべて否定している。本人曰く、「さくらんぼと見間違えないために」リンゴは齧《かじ》られているということらしい。

026

ピザハットのハットは帽子ではない

　ピザハットといえば、世界の110の国と地域に1万8000店舗以上出店している世界最大のピザチェーンだが、あなたはピザハットの「ハット」を帽子だと思っていないだろうか。ロゴマークを見てもツバの広い帽子が描かれているように見えるが、帽子は全く関係ないのだ。

　ピザハットの1号店は1958年にアメリカのカンザス州で誕生した。フランクとダンのカーニー兄弟は、当時都市部で人気となっていたピザに着目し、ピザ屋を開くことにした。しかし、看板が小さかったため8文字しか入らず、「Pizza」と入れると残り3文字しかなかった。兄弟は店名を決めるのに頭を悩ませたが、小さい店舗の形が山小屋に似ていることから、小屋を意味する「hut」を加えて「Pizza Hut」とした。そして現在のロゴマークも、山小屋の屋根をイメージしたものになっている。

　なお、帽子は英語で「hat」という。日本語では発音を区別できず、ロゴマークもたまたま帽子に似ていたので、このような誤解が生まれてしまったのである。

027

誤解だらけのカレーとナン

カレーの発祥はインドであることは確かだが、そもそもの由来であるはずのインド料理には「カレー」という名前の料理すらないという。一体どういうことだろうか。

カレーの語源はタミル語で野菜・肉・食事などを意味する「カリ」で、これが英語の「curry」の語源になったとされる。我々は香辛料を使ったインドの煮込み料理をまとめて「カレー」と呼んでいるが、インドではその一つ一つにサーグチキンやチキンティッカマサラといった名前がついている。日本に「揚げ物」という料理がないのと同じで、インド人はそれぞれの料理を区別して呼んでいるのだ。現在では日本風のカレーライスが逆輸入されて、インド人にも受け入れられているという。インドのカレーと日本のカレーライスはもはや別の食べ物なのだ。

また、日本でも広く親しまれるようになったナンについても誤解がある。日本のインドカレー屋でナンを注文すると、皿からはみ出るほどの大きなナンが出される。そのためか、インド人はナンを主食にカレーを食べているというイメージを持ってしまいがちだが、そもそもインド人はナンをめったに食べないという。では一体何を食べているか

欧風カレー店でよく目にする左の容器は「グレイビーボート」と呼ばれる

というと、インド南部では主に米を、北部ではチャパティという薄いパンを食べている。ナンを作るにはタンドールという専用の焼き窯が必要だが、一般家庭ではフライパンで簡単に作れるチャパティが好まれる。インドでもナンが食べられるのはレストランくらいだという。ちなみに、日本で出されるナンはたいてい細長い形をしているが、本場のナンは円か楕円形が一般的である。

また日本ではタイカレーもおなじみであるが、これはそもそもカレーですらない。タイカレーはタイ語で「ゲーン（汁物）」と呼ばれ、タイにはさまざまなゲーンが存在する。香辛料を使った汁物という共通点から、いつの間にかタイカレーと呼ばれるようになったのだ。

028

実は日本生まれの料理　洋食編

海外旅行でいざ現地の料理を食べようと思っても、全く見つからないということがある。日本で食べられる洋食の中には、西洋と見せかけて日本で生まれたものもたくさんあるのだ。

オムライスが日本生まれというのは有名かもしれないが、その中身のチキンライスもまた日本発祥とされており、ハムを使った「ハムライス」がもとになったという。ドリアとナポリタンも日本生まれである。どちらも横浜のホテルニューグランドで生み出され、ドリアは初代総料理長のサリー・ワイルが、ナポリタンは2代目総料理長の入江茂忠が考案したとされる。

洋風のデザートにも目を向けると、いちごの乗ったショートケーキも日本式のもので、日本の洋菓子店であるコロンバンもしくは不二家が開発したとされる。モンブランはもともとフランスやイタリアのお菓子だが、黄色いモンブランは日本のもので、東京・自由が丘の「モンブラン」という洋菓子店の店主が考案したものだ。

「洋食」とは日本で独自の進化を遂げた西洋料理であり、日本文化の一つなのだ。

029

実は日本生まれの料理　中国・韓国編

中国や韓国の料理は日本人になじみ深いが、やはり日本独自のものも案外多い。

エビチリは日本で人気の中華料理の一つだが、これは干焼蝦仁《カンシャオシャーレン》という四川料理を陳建民《ちんけんみん》がアレンジしたもので、トマトケチャップなどを加えて辛さを抑えたのだという。エビマヨも日本生まれで、こちらは周富徳《しゅうとみとく》が考案したものだと言われている。

冷やし中華は堂々と「中華」と名乗っているが、これは仙台と東京の2つの中華料理屋が元祖といわれており、いずれにせよ中国生まれではない。同じく中華丼も、日本の中華料理屋が発祥とされる。また、天津飯も、天津市どころか中国にないメニューだ。

韓国料理にも日本生まれのものがある。ビビンバは韓国でもおなじみだが、高温の容器で出される石焼ビビンバは日本生まれとされる。また、客が自分で焼くという焼肉も日本独自のスタイルで、韓国では店員が肉を焼くのがより一般的である。

どの料理も日本人に親しまれているが、意外なところに日本のオリジナルが隠されている。

030

食品添加物に対する誤ったイメージ

食品衛生法によると、「添加物とは、食品の製造の過程において又は食品の加工若しくは保存の目的で、食品に添加、混和、浸潤その他の方法によって使用するもの」と定義されている。要するに、食品をおいしくしたり傷みにくくしたりするために使われるものだということだ。

食品添加物には、大きく分けて「天然」と「合成」の2種類が存在する。私たちが漠然と「体に悪い」というイメージを持っているのが、この「合成」の方だろう。確かに「合成（＝化学物質）」というものは、できるだけ体に入れたくないと思ってしまうのが自然かもしれない。しかし合成された添加物も、決してそれだけで体に害があるとは言えないのである。というのも、先ほどの食品衛生法において、厚生労働大臣がその有用性と安全性を認めた合成添加物しか使ってはいけないと定められているのだ。

「〇〇不使用」などという言葉が「添加物＝体に悪い」というイメージを植え付けてしまっているという意見もあるが、これからは消費者自身が商品を判断する知識も必要になるだろう。

031

ついやってしまいがちな箸使いのタブー

幼い頃、箸の持ち方や使い方を注意されたという方も多いのではないだろうか。「嫌い箸」や「忌《い》み箸」といって、箸にはマナー違反とされるタブーが多く存在する。箸から箸へ料理を渡す「合わせ箸（箸渡し・移し箸）」や、箸をご飯に突き立てる「立て箸（仏箸）」などは有名だが、ここではついやってしまいそうであまり知られていない箸使いのタブーを紹介する。

揃え箸：箸を持つときに食卓や食器でトントンと揃えること。両手で揃えるのが正しい。

拝み箸：箸を持ちながら手を合わせること。

渡し箸（橋箸）：茶碗の上などに箸を渡して置くこと。箸置きに置くのが正しい。

透かし箸：骨の付いた魚の上側を食べた後、骨越しに下側の身をつついて食べること。

逆さ箸：箸を上下逆に持つこと。衛生的によくない上に、箸の両側が汚くなってしまう。

受け箸：箸を持ったままおかわりをすること。

和食の作法は「箸に始まり箸に終わる」と言われる。これらを覚えておいて損はないだろう。

032

おせち料理は年5回食べられていた

日本のお正月といえばおせち料理だろう。いろいろな縁起物が重箱に詰め込まれたおめでたい料理だが、古くは年に5回も食べられていたというのをご存じだろうか。

おせちは漢字で「御節」と書き、節《せち》とは季節の変わり目を祝う日を指す。かつて朝廷では節の日に節会《せちえ》という宴会が行われ、江戸時代に幕府がそのうちの5つを「五節句」として定めた。この五節句の日に食べられていたお祝いの料理を「御節料理」と呼んでいたのである。

ちなみに、その五節句というのが、人日《じんじつ》（1月7日）・上巳《じょうし》（3月3日）・端午《たんご》（5月5日）・七夕《しちせき》（7月7日）・重陽《ちょうよう》（9月9日）の5つ。正月は入っていないが、別格扱いとなっている。人日は七草粥を食べる日だ。上巳はひな祭りの日となっている。端午には五月人形やこいのぼりを飾って男の子の成長を祈願する。七夕はもちろん「たなばた」のことである。ところで、重陽だけなじみがないかもしれないが、この日は菊の節句ともいって、菊酒を飲んだり栗ご飯を食べたりする風習がある。節句は昔ながらの伝統に触れられる大事な機会なのだ。

033

カビの生えた餅は削っても食べられない

大量に余った餅を放置し続けたらカビが生えていた、なんてことはないだろうか。「カビの部分を削れば食べられる」と考える人もいるかもしれないが、これはとんでもない間違いだ。

カビが生えた餅には、植物の根と同じようにカビの菌糸が入り込んでいる。外から見てカビがないように見える部分でも、中にはカビが生えている。しかも、たとえ高温で焼いたり揚げたりしても、カビの毒性は消えないのだ。健康を第一に考えると絶対に食べないほうが良い。

それでは、餅を長持ちさせるにはどうすれば良いのだろうか。市販されている個包装の餅の場合は冷蔵庫に保存し、パッケージに書かれた消費期限を守って食べれば良い。餅つきなどで作った餅は小分けにして冷凍保存すると、風味は多少落ちるものの、半年程度は保存できるという。冷蔵保存したい場合は、餅を水にしっかりと浸しておく方法や、わさびやからしと一緒に密閉容器に入れる方法がある。「もったいない」と思う気持ちがあるなら、カビが生えないように工夫して、早めに食べ切ってしまおう。

034

「つくね＝肉、つみれ＝魚」ではない

同じ肉団子である「つくね」と「つみれ」。どちらも、ひき肉や魚のすり身に調味料を加えた生地を混ぜ合わせるという点では共通している。つくねは鶏や豚のひき肉を、つみれは魚のすり身を用いることが多いため間違いやすいが、実は材料で区別されるものではない。

つくねをあえて漢字で書くなら「捏」。これは「こねる」とも読む漢字なので、つくねとは、生地をこねて丸めて団子状にしたものを指す。一方、つみれを漢字で書くと「摘入」。つまり生地の塊から手やスプーンで一口大に「摘《つ》んで」鍋や汁物の中に「入れる」ものを指す。つくねはこねて形を固めてあるので、蒸したり、揚げたり、串に刺して焼いたりして調理される。対してつみれは、その意味のとおり、汁物に入れられることがほとんどである。

似たようなものに「ミートボール」や「肉団子」もある。ケチャップなどで洋風の味付けにするとミートボール、和風や中華風の味付けにすると肉団子と呼ばれることが多いようだが、どちらも材料や作り方は基本的には「つくね」と同じである。

035

サラダ味の「サラダ」はサラダ油のこと

せんべいやスナック菓子の味として「サラダ味」というものがある。野菜サラダと何か関係があるように思えてしまうが、サラダ味とは、ずばり、サラダ油のことなのだ。

お菓子業界ではサラダ油をかけて塩をかけたものをサラダ味と呼んでいるので、つまるところ「塩味」とほぼ同義である。サラダ油が高級品だった時代に、商品イメージを高めるため洋風の「サラダ味」というネーミングが使われ始めたという。サラダ味のお菓子が緑色のパッケージをしているため誤解しやすいが、生野菜は全く関係ないのだ。

では、そもそもサラダ油の名前の由来は何だろうか。サラダ油とは、サラダなどに生で使用できる油という意味で、低温でも結晶化しないように精製された油を指す。味やにおいにクセがないため、揚げ物や炒め物だけでなくドレッシングにも用いることができる。

ちなみに「サラダ（salad）」の語源はラテン語で塩を意味する「sal」だとされ、塩をふりかけて生野菜を食べていたことに由来するという。サラダと塩にはそんな巡り合わせがあるのだ。

036

ちゃんと理由があったデザートの名脇役

レストランでアイスクリームを注文すると、器にウエハースを添えて出されることがある。このウエハースを何も考えずに食べていないだろうか。アイスクリームを食べていると、冷たさで舌の感覚がだんだんと薄れてしまう。そこで常温で軽い口当たりのウエハースを食べることで、舌の冷たさをリセットできるのだ。ウエハースをスプーンの代わりにしてアイスクリームをすくって食べる人もいるが、これでは意味がなくなってしまう。同じくアイスクリームによく添えられるミントも、食べると清涼感を味わえるだけでなく、消化を促進する効果がある。ただの緑色の葉っぱだと思って食べない人もいるかもしれないが、単なる飾りではない。

中華料理のデザートといえば杏仁豆腐だが、その上に赤いクコの実が添えられることがよくある。クコには、血糖値を下げたり視力の低下を予防したりするなどのさまざまな効能が期待されている。バランスの良い食事で病気を予防するという「医食同源」という中国的な思想のもとに添えられているのだ。

037

チョコレートはもともと飲み物だった

チョコレートは日本人にもおなじみのお菓子だが、その起源は意外にも飲み物である。チョコレートの語源は諸説あるが、15世紀メキシコのアステカ帝国で飲まれていた「ショコラトル」に由来するとされる。ショコラトルは、粉末のカカオ豆に水やトウモロコシの粉、スパイスなどを加えた高級な飲み物で、アステカの上流階級の人々に好まれていた。

ジャン＝エティエンヌ・リオタール
『ショコラを運ぶ女性』

やがてスペイン人がアステカ帝国を征服すると、カカオがヨーロッパにもたらされた。苦い飲み物だったショコラトルに砂糖、牛乳、香料などが加えられ、甘い飲み物へとアレンジされた。そして1847年にイギリスのジョセフ・フライによって固形のチョコレートが発明され、改良の末、チョコレートが甘いお菓子として世界中に浸透するようになったのである。

038 「アメリカンコーヒー＝薄い」は間違い

毎日コーヒーを飲むという人も多いだろう。アメリカンコーヒーはたいていのカフェで提供されていると思うが、あなたはアメリカンコーヒーがどんなコーヒーか説明できるだろうか。

「アメリカンコーヒーはお湯が多めの薄いコーヒー」だという認識は正しくない。確かにお湯で薄めたコーヒーをそう呼ぶ場合もあるが、本来は浅煎りの豆を使って淹れたコーヒーのことを指す。焙煎の度合いが浅く豆の色も薄いため、紅茶のような薄い色が出る。浅煎りの豆は生豆《なままめ》由来の酸味が前面に出るため、苦味よりも酸味が強くさっぱりとした味わいになる。

浅煎りのものより深煎りのほうが味も色も濃く、苦味も強いため、さぞカフェインが多いと思われるだろう。豆の種類にもよるが、実は浅煎りのアメリカンのほうが、カフェイン含有量が若干多いとされる。カフェインは高温になると昇華して減少するため、あまり熱されていない浅煎りのほうが豆1粒あたりのカフェイン量が多くなるのだ。

039

コーヒーについてくるミルクの正体は油

店でコーヒーを注文すると、小さい容器に入ったミルクがついてくることもある。地域によってはクリームやフレッシュなどと呼ばれるこの液体、実は牛乳ではなく「油」なのだ。

商品の表示を見ると、「植物性油脂クリーミング食品」や「乳等を主要原料とする食品」と記載されている。コーヒーミルクの製法は、まず水と植物油に乳化剤を加え、混ぜ合わせる。そこにとろみをつけるための増粘多糖類や、色や風味をミルクに近づけるためのカラメル色素・香料などを添加する。要するに、水と油と食品添加物でできた、ミルク色の液体である。

ちなみに、脂肪分が約20~40%のものがコーヒー用のミルクとして使われるが、脂肪分が約30~50%とやや多いものは、ホイップクリームとしてケーキなどのお菓子に使われる。コーヒーミルクとホイップクリームは似ているが、コーヒーミルクを泡立てても絞れる固さにはならないので、ホイップクリームの代用品にすることはできない。

040

ティーカップのソーサーの本来の使い方

紅茶やコーヒーを飲むときに使うティーカップにはソーサーという小さな皿が下に添えられるが、これは受け皿でも、ティースプーンを置くためのものでもない。

ヨーロッパに茶を飲む習慣が伝わり始めた頃は、まだ茶を淹れるためのティーポットがなかったので、茶葉をカップに入れ、お湯を注いで飲んでいた。しかし、これでは飲んでいるときに茶葉も口の中に入ってしまう。そこで、小皿に茶を移して飲む習慣が生まれた。これがソーサーの起源となったそうだ。また、当初は取っ手のない「ティーボウル」を使っており、湯呑みのように分厚くもなかったので、熱いものを飲むのには苦労した。そのため、ソーサーに飲み物を移して冷ましていたそうだ。つまり、かつてはソーサーに口をつけて茶を飲んでいたことになる。やがて取っ手のあるティーカップやティーポットが生まれ、現在のような飲み方になったのである。

ソーサーには意外な起源があった

041

カクテルのショートとロングの違い

バーで提供されるカクテルにはショートカクテルとロングカクテルの2種類があるが、その違いをグラスの大小や高さだと思ってはいないだろうか。必ずしも間違いではないが、ショートカクテルとロングカクテルの違いは「飲み切るまでの時間の長さ」を表している。

マティーニやギムレットなどのショートカクテルはアルコール度数が高く、足のついたカクテルグラスで提供される。氷が入っていないため、冷たいうちに短い時間で飲み切るのが良い。

それに対してジントニックやスクリュードライバーなどのロングカクテルは、氷が入った大きめのグラスで提供される。ショートカクテルに比べて冷えた状態が長く保たれるので、長時間楽しむことができるのだ。ただし、こちらも氷がとけて薄くなる前に飲み切ったほうが良いだろう。

042

日本酒の「冷酒」と「冷や酒」は違う温度

日本人だけでなく外国人にも好まれる日本酒。日本酒は温度ごとに細かく呼び名が変わるが、「冷酒」と「冷や酒」の違いをご存じだろうか。

「冷酒」は文字通り冷たい日本酒のことだが、「冷や酒」は常温の日本酒を指す。冷蔵庫が普及する以前、日本酒は常温か燗《かん》をして飲むのが一般的だった。そのため、燗をしていないという意味で「冷や」と呼ばれていたのだ。ただ、最近では冷酒のことを「冷や」と呼ぶ人も増えたため、お店では「常温」と注文するのが良いだろう。

ちなみに、冷酒には「涼冷え」「花冷え」「雪冷え」という種類があり、過冷却させてシャーベット状態にした「みぞれ酒」という楽しみ方もある。一方、燗酒には温度の低いものから順に「日向燗」「ぬる燗」「人肌燗」「上燗」「熱燗」「とびきり燗」と呼ばれている。

冷酒は香りが抑えられてすっきりと飲みやすくなり、冷や酒（常温）ではお酒本来の味を楽しめ、燗酒はよりコクや旨みが深まる。好みの温度を見つけてみてはいかがだろうか。

第2章

歴史の誤解

043

稲作は縄文時代から行われていた

日本史の授業では「稲作は、弥生時代に大陸から伝わった」と学ぶが、最近では稲作は縄文時代から行われていたと考えられている。実は岡山県の南溝手《みなみみぞて》遺跡や朝寝鼻《あさねばな》貝塚をはじめ、いくつかの遺跡（貝塚）からその事実を裏付ける発見が相次いでいるのだ。

これらの遺跡から発見されたのは、「プラントオパール」という物質。これはイネ科の植物に含まれるケイ酸が、細胞の形を残したまま化石化したものだ。この「プラントオパール」が、縄文土器に付着した状態で発見されているのである。

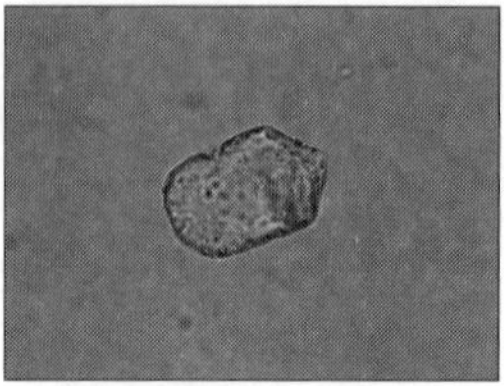

植物の化石「プラントオパール」

もちろん「プラントオパール」が検出されたからといって、生活に欠かせないようなレベルで縄文時代に稲作文化が強く根付いていたとは限らない。しかし少なくとも縄文稲作の存在自体は、研究者の間でほとんど疑いようのない存在だと認められているようである。

044

日本初の征夷大将軍は坂上田村麻呂ではない

日本初の征夷大将軍は、坂上田村麻呂ではなく大伴弟麻呂《おおとものおとまろ》という人物である。当時、桓武天皇は国を挙げた征夷（異端の部族、特に蝦夷《えみし》を征服すること）に力を入れていたが、惨敗が続きなかなか良い結果が出なかった。そこで、より征夷に力を入れるため新たな軍団を立ち上げることになるのだが、この軍団長を「征夷大将軍」と呼ぶ。

そして794年の正月、大伴弟麻呂が初めてこの役職に任命された。しかし、弟麻呂はこのときすでに60歳を超える高齢。現場に出て戦うというよりは、戦局の分析や全体の指揮など「軍師」としての実力を期待されてのことだった。つまり、「いわゆる」征夷大将軍のイメージとは少し差があったのである。

彼が教科書に載らないのは、このような理由からだろう。

弟麻呂が退いた後この役職を引き継いだのが、かの有名な坂上田村麻呂。蝦夷の制圧に大きく貢献したその生涯については、教科書などで知られている通りだ。

045

初めて切腹をしたのは武士ではない

時代劇のイメージもあり、多くの人は「切腹＝武士」というイメージを持っていることだろう。しかし意外なことに、日本で初めて切腹をしたのは武士ではなかった。

江戸時代末期の切腹の様子

時は988年、平安時代にまで遡る。藤原保輔《ふじわらのやすすけ》という官人が、自ら腹を切って死亡したという記録が残っているのだ。

なぜそんなことをしたのかというと、何を隠そうこの男、実は貴族でありながら盗賊でもあったのである。夜な夜な盗みを働いているところが見つかり捕まってしまった保輔は、自ら腹を切って自殺を図ったのだ。

ちなみに保輔は翌日獄中で死亡したが、これが「責任を取った名誉ある死」であったかどうかは定かではない。というのも、切腹が名誉ある行為だと認識され始めたのは、戦国時代からだと考えられているからだ。

046

鉄砲伝来は１５４３年ではない

日本の「鉄砲」の歴史は、１５４３年、ポルトガル人が種子島に漂着したことに端を発するとされている。「以後、予算（１５４３）が増える鉄砲伝来」と覚えている人も多いだろう。しかしこの認識が、実は多くの誤解を含んでいることをご存じだろうか。

そもそも鉄砲の伝来が１５４３年だという根拠は、『鉄炮記《てっぽうき》』という書物にあるとされている。これは初めて鉄砲を手に入れたとされる種子島時尭《たねがしまときたか》の孫・久時《ひさとき》が、種子島氏のご機嫌取りのために編纂させたものだ。１５４３年から60年以上たって書かれたものであることも考えると、この根拠は実に怪しい。それどころか、「初めて伝来したのが種子島」という認識さえ疑わしくなってくるのだ。加えて、鉄砲はそもそもヨーロッパではなくアジアから伝わったのではないか、という見方もある。伝来した鉄砲は実はアジア式のものであり、それを漂着した中国の海賊「倭寇」の船にたまたま乗っていたポルトガル人が伝えたに過ぎないのではないか、という説だ。正確な史料が発見されれば、教科書の記述は大きく変わることになるだろう。

047

天下人も楽市楽座も信長が初めてではない

織田信長といえば、わざわざ説明するまでもないほどの有名人だ。「好きな歴史上の人物は?」と聞かれて信長の名前を出す人も少なくない。彼を語る上で欠かせないキーワードはたくさんあるが、ここでは二つのキーワードから、信長に関する世間の誤解を解いていこう。

一つ目は「天下人」。時代によって定義は異なるが、主に沖縄・北海道を除く日本全土を支配下に置いた武士を指す言葉だ。誤解している人が多いのだが、信長は日本初の天下人ではない。三好長慶《みよしながよし》という武将をご存じだろうか。彼は1550年に自らの主君であり、父の仇でもあった幕府管領・細川晴元を退け、事実上の「天下人」となったのだ。

もう一つは「楽市楽座」。経済の活性化を目指した信長が初めて行った政策だと思われがちだが、これも誤りだ。1549年に近江の武将・六角定頼が自らの領地で出したのが最初である。実際はこれを信長が広めたという形なのだが、「信長＝画期的な制度を考え出す人物」というイメージから、後にこのような誤解が広まってしまったのだろう。

048

明智光秀はあのセリフを言っていない

織田信長を襲撃する際に明智光秀が言い放った「敵は本能寺にあり」という言葉は、日本の歴史上最も有名なセリフといっても過言ではないだろう。しかしこのセリフは、実は後付けで創作されたものに過ぎないということをご存じだろうか。

このセリフが初めて登場したのは、本能寺の変から100年ほどたって成立した『明智軍記』。著者不明で事実関係もデタラメだが、「敵は四条本能寺・二条城にあり」というセリフが記されている。

さらにこの『明智軍記』を参考にして江戸時代後期に書かれた『日本外史』という本にも、「敵は本能寺にあり」というセリフが登場している。この『日本外史』が多くの人に読まれるようになったことがきっかけで、このセリフが爆発的に広まっていったと考えられているのだ。

「敵は本能寺にあり」はのちに創作された言葉だった

049

武士以外でも名字を持つことはできた

よく、江戸時代は武士だけが名字を持っており、庶民は名字を持つことを許されなかったと認識している人がいるが、これは誤りである。厳密には、名字を「名乗ること」を許されなかったという方が正しいのだ。つまり当時の庶民は名字を「持って」はいたが「名乗る」ことができなかった、というわけである。実際、寺社や農村で扱われていた私的な記録などを見てみると、きちんと庶民の名字が記してあるのだ。

そもそも庶民が名字を名乗らなくなったのは江戸時代に始まったことではない。実は鎌倉時代・室町時代、つまり「名字＝武士の身分を象徴するもの」という認識が広まった時代から、自主規制のような形でこの風潮は出来上がっていたのだ。

庶民が再び名字を名乗ることになるのは、明治以降。戸籍制度による近代化を狙い、明治3年に「平民苗字許可令」、8年に「平民苗字必称義務令」が出されたことによって、「国民は公的に名字を持つ」ことが当たり前になったのである。

050

服部半蔵は忍者ではない

服部半蔵といえば、忍者の代名詞的存在だが、実際には忍者ではなかったという。「服部半蔵」という名前は世襲制の役職であり、一般に「服部半蔵」として知られるのは、2代目の服部正成《まさなり》だ。その父とされる初代服部半蔵の服部保長《やすなが》は実際に伊賀流の忍者として活動していた。一方で2代目服部半蔵の服部正成は伊賀では育っておらず、忍者の修行を受ける機会はなかったようだが、徳川家康の家臣としてさまざまな戦いで活躍し、「鬼半蔵」と呼ばれた。

服部半蔵正成

1582年、家康とともに畿内《きない》を旅行していた際、本能寺の変が起こったと知り、急いで堺から三河に帰還することになった。明智勢の追っ手や農民たちの襲撃から護衛するため、正成は伊賀忍者と交渉し、彼らに警護をさせることに成功した。こうして無事に三河へと戻り「伊賀越え」を果たした正成は、忍者ではないながらも伊賀忍者を統率する立場を与えられたのだ。

051

宮本武蔵は卑怯者？

二刀流の大剣豪、宮本武蔵。漫画や映画などで数多く取り上げられている非常に人気の高い人物であるが、一方で武蔵に対する間違ったイメージがずいぶん広まっているようである。

一つは武蔵の強さについて。実はこの男、勝つためには手段を択《えら》ばないタイプで、わざと決闘に遅刻して相手をイライラさせるなど、意外とズル賢い一面を持っていた。

また武蔵は強いだけでなく、文化人としての一面も持っていた。彼が残した剣術書である『五輪書《ごりんのしょ》』は有名だが、それだけではない。他にも造園家や剣術の教育者としても優れた才能を持っていたのである。

加えて、武蔵は「地位や名誉というものに興味がない」というような朴訥《ぼくとつ》な人物だと思われがちだが、実際はその逆だった。とにかく名誉を欲し、早く名のある主君に仕官したいとさえ思っていたのである。といっても、武蔵が欲していたのは金ではなく、「純粋な強さ・名誉」であった。これを踏まえると、武蔵のズル賢い戦術も「強さ」を追求してのことだったのかもしれない。

052

水戸黄門は全国を旅していない

水戸黄門こと徳川光圀《みつくに》が名君として人気があったのは事実だが、実は彼がテレビドラマのように全国を旅したという情報は一切残っていない。それどころか、光圀は関東を出たことがなかったとさえ言われているのだ。

また、各地の悪代官を懲らしめる黄門様は、さぞかし真面目で純粋な性格の持ち主だと思っている人は多いかもしれないが、かつて派手な格好で女遊びをするような不良少年として知られていたという過去がある。そんな光圀が18歳のとき出会ったのが、司馬遷の『史記』だ。これに感銘を受けた光圀は学問にのめりこむようになり、20代半ばから日本の通史『大日本史』の編纂を始める。この時期からの活躍が、後の「黄門様」のイメージに繋がっているのではないか、と言われているのだ。

かつては不良少年だった徳川光圀

053

「松島や…」の句を詠んだのは芭蕉ではない

「松島や　ああ松島や　松島や」

たとえ俳句に興味がなくとも、「なんとなく聞いたことがある」という句の代表格とも言えるだろう。かつて松島を訪れた芭蕉は、そのあまりの美しさに句が浮かばず「松島や〜」という、俳聖らしからぬ句を詠んだ、という逸話はあまりに有名である。

しかしこの逸話、そもそも芭蕉は松島の句を詠んでさえいない、というのが真相だ。「松島や〜」の句を詠んだのは、田原坊《たわらぼう》という狂歌師。狂歌とは、俳句より滑稽で砕けた表現が特徴の表現形式である。

田原坊のオリジナルの句は「松島や　さて松島や　松島や」。これが「松島が美しいあまり句が浮かばなかった」という芭蕉の逸話と混同され、現代に伝わっているのではないかと言われている。

芭蕉（左）は松島の句を詠んですらいなかった

054

生類憐みの令は悪法ではなかった？

生類憐みの令は徳川綱吉が出したことで知られる、「蚊や蝿でさえ、あらゆる生き物を殺してはいけない」という法令だ。一見、行きすぎた無茶苦茶な法令だと思われがちだが、実はプラスに働いた面もあったということをご存じだろうか。

そもそもこの法令は20年がかりで形になったもので、最初はそこまで厳格な締め付けはなかった。元は単なる「生物保護のお触れ」程度だったのである。それが徐々にエスカレートしていくわけだが、その一方で「服忌令《ぶっきりょう》」という制度も関連して生まれた。「服忌令」とは、家族や親類が亡くなった際に喪に服す期間を決める法律だ。この法律をきっかけに世間では血を嫌い、礼節を重んじる風潮ができはじめ、人々は徐々に「武力」より「学力」を重んじるようになっていったとされている。

「生類憐みの令」の厳しい取り決めによって庶民の生活が息苦しくなった一方で、武力がものを言う「武断政治」が終わるきっかけになったという見方をすることも可能なのだ。

055

『解体新書』の翻訳を陰で支えた人物

江戸時代といえば、オランダから輸入される知識によって日本が大きく発展した時代でもあった。中でも有名なのが、人体の仕組みを詳細に記した医学書『ターヘル・アナトミア』だ。

そしてこの本を『解体新書』として翻訳したことで知られているのが、かの有名な杉田玄白である。しかしはっきり言って、玄白ひとりでは『解体新書』の翻訳は不可能だった。杉田玄白という男は、医者としては一流だったが語学のセンスが全くなかったのだ。

この本の翻訳にあたって、実は他にも欠かすことのできない人物が存在したのである。特に翻訳に尽力したとされているのが、前野良沢《まえのりょうたく》・中川淳庵《なかがわじゅんあん》の2名だ。玄白と同じく江戸の医者だったこの男たちこそが、『解体新書』の隠れた立役者である。

1771年、初めて人体の解剖を見学した玄白は、西洋医学の進歩に強い衝撃を受ける。そのとき持参していたのが、他ならぬ『ターヘル・アナトミア』だ。「この本をぜひ翻訳すべきだ」と考えた玄白は、同席していた前野良沢に声をかけた。オランダ語の翻訳に興味があった良沢はこれに賛同。中川淳庵を加えた3人で、さっそく翻訳に取り掛かることにした。

とはいっても、良沢や淳庵が優れたオランダ語学力を持っていたわけではない。一応、良沢が中心となって翻訳は進められたが、彼の語彙力も十分とは言えなかったのである。

翻訳を陰で支えた一人である、前野良沢

加えて、当時は辞書もないような時代だ。雲をつかむような地道な翻訳作業である。翻訳に取り組んでから刊行まで、実に4年の月日が費やされた――。

ところがいざ出来上がった本を見てみると、「前野良沢」の名前は表記されていない。これは一体どういうことだろうか。

はじめ、杉田は当然「2人の著作として出版しよう」と主張した。ところが、前野が「まだ完璧に訳しきれていないから」とその申し出を断ったのだ。前野の名前があまり知られていないのには、そういった彼の性格が影響しているようである。

056

「大塩平八郎の乱」の意外な動機

江戸時代は比較的平和であったとされているが、多くの血が流れる「乱」が全くなかったわけではない。例えば1837年に起こった「大塩平八郎の乱」といえば、「天下の台所」である大坂が火の海に包まれた有名な乱である。

おそらく、多くの人はこの乱を「物価高騰などに反発した民衆が、幕府を倒すために反乱を起こしたのだろう」という程度に捉えているのではないだろうか。しかしそれは間違いで、実はこの乱、幕府を倒すどころか、「幕府のために」という思いから始まったものなのだ。

中心となった大塩平八郎は、奉行所の役人。先祖代々徳川家に仕える家に生まれ、当然、彼自身も徳川家には堅い忠誠を誓っていた。当時横行していたワイロの類も一切受け取らず、その大まじめな性格から町人の信頼も篤《あつ》かったようである。

そんな大塩が乱を起こすきっかけとなったのが、自身の引退だ。信頼していた上司の引退を機に、大塩自身も38歳の若さであっさり身を引いた。

当然、江戸から新しい奉行がやってくるわけだが、これが私利私欲のために庶民から重税を取り立てるような極悪人であった。

悪いことは重なるもので、当時の大坂は異常気象にも苦しんでいた。不作が続き、そこらじゅう飢えた人々であふれかえっていた。度重なる重税と不作。引退した身とはいえ、その状況に耐えかねた大塩はついに仲間と共に立ち上がる。これが、いわゆる「大塩平八郎の乱」である。ただ、前に述べたように、大塩は別に幕府に反旗を翻《ひるがえ》したわけではない。あくまで「このまま大坂が潰れれば、幕府にも迷惑がかかる」という純粋な忠誠心から反乱を起こしたのだ。

大塩平八郎は忠誠心があり、周りからの信頼も篤かった

しかし当の幕府側は当然そんなことも知らず、むしろ「せっかく大量の税金が舞い込んできていたのに」くらいにしか考えていなかった。結局大塩は捕らえられ、あっさりと「大塩平八郎の乱」は幕を下ろすことになったのだ。

057

富嶽三十六景と東海道五十三次は何枚？

葛飾北斎の『富嶽《ふがく》三十六景』と、歌川広重の『東海道五十三次』は、どちらも日本を代表する有名な浮世絵だが、枚数を数えてみると、どちらもタイトルと数が合わない。

歌川広重『東海道五十三次之内 京師 三条大橋』

『富嶽三十六景』は、実際には46枚もある。当初は36枚だけだったが、好評だったため10枚が追加され、俗に「裏富士」と呼ばれている。一方、『東海道五十三次』は全部で55枚ある。江戸と京都を結んでいた東海道にある53の宿場の様子を描いた作品だが、そこに始点の江戸・日本橋と終点の京都・三条大橋の2枚を足して全部で55枚になるのだ。

ちなみに、『東海道五十三次』は歌川広重が旅をして描いたものではないという説がある。箱根に存在しない謎の岩山があったり、雪が積もらない地に大雪が積もっていたりと、さまざまな矛盾点が見つかっているのだ。

058

日本は黒船来航を知っていた

1853年、現在の神奈川県浦賀にアメリカから4隻の船が来航し、当時鎖国中であった日本全体に衝撃が走った。いわゆる黒船来航である。

この黒船来航だが、日本は急な来航に慌てて国を開いたのではない。実は西洋艦隊の来航を事前に知っていたという記録が残っているのだ。

「知っていたもなにも、日本は鎖国中だったんじゃないの？」と思う方もいるだろう。しかし日本は、外国との交流を一切絶っていたわけではない。そう、「出島」だ。黒船来航の前年、出島にあるオランダ商館から長崎奉行はアメリカが条約を結びたがっているという情報を得ていたのである。その報告書には、西洋列強が多くの植民地を獲得している現状や、それに伴う各地の戦争などについて記されていた。当然海防を強化したい幕府だったが、財政が困窮していたため十分な策を講じることができず、結局は戦いを避ける形で友好的に国交を開くことになったというわけだ。

059

「鬼の副長 土方歳三」の意外な素顔

新選組の土方歳三といえば、「鬼の副長」と恐れられた人物だ。実際「鬼」の異名は伊達ではなく、新選組をまとめあげるために厳しい掟を作り、破った者には容赦ない粛清を行ったとされている。ところが、そんな土方にも意外な側面があった。一つは、俳句が趣味だった、ということだ。「剣一筋に生きる」ような男だと思われがちだが、俳人である祖父の影響もあってか、意外と風流な一面も持ち合わせていたのだ。

当時はモテすぎて困っていたという、鬼の副長こと土方歳三

また、これも堅物なイメージのある土方とは縁がなさそうな話であるが、実は彼は女性から非常にモテていたとも言われている。花街の女性から恋文をもらうのだが、この量が多すぎて困っていたほどだとか。さらにはその恋文の束を仲間に送り付けモテ自慢をしていたというエピソードまで残っているのだ。

060

江戸無血開城は事前に決まっていた

1868年、江戸城が旧幕府軍から明治新政府軍に引き渡された。徳川による江戸幕府の終焉、いわゆる「江戸無血開城」である。この無血開城の立役者と言われているのが、旧幕府側の勝海舟と維新側の西郷隆盛。二人の会談によって戦いは起こらず多くの命が救われた、と一般的には思われている。しかしこの会談、実は事前に結論が出ていたのだ。

勝と西郷の会談の三日前。すでに降伏を考えていた徳川慶喜は、攻め入って来ようとする西郷ら官軍を説得すべく、山岡鉄舟という幕臣を指名した。覚悟を決めた山岡は、怪しむ勝海舟を説き伏せてついに官軍側の陣営へ向かった。

敵の陣営に到着した鉄舟は、真正面から西郷を説得した。初めは取り合わなかった西郷もその熱意に負け、とうとう江戸城への攻撃を取りやめたのである。

その三日後。勝と西郷の会談で、正式に江戸城の引き渡しが決定した。これが、かの有名な「江戸無血開城」の真相である。

061

日本は最近まである国と交戦状態だった

1905年9月4日、日本とロシアの講和を目的とした「ポーツマス条約」が結ばれた。これにより、いわゆる「日露戦争」は終焉を迎えたというのが、我々が学んできた歴史である。もちろんそれは正しいのだが、実はつい最近まで、この戦争の延長線上で日本と交戦状態にあった国が存在する。ヨーロッパ南東部のバルカン半島に位置する、モンテネグロという国だ。

日露戦争が勃発した当時、モンテネグロはロシアの管理統治下にあった。ロシアに同調し日本に宣戦布告をするも、満州に派遣した義勇兵は実際には戦闘に参加しなかったため、この小国はポーツマス会議に招かれもせず、ついに日本と正式な停戦条約を結ぶことがなかったのである。つまり、実際に戦闘は起こっていないにせよ、日本とモンテネグロは国際法上長らく交戦状態にあったのだ。この交戦状態に終止符が打たれたのは2006年6月。当時セルビア・モンテネグロ共和国の一員となっていたモンテネグロは独立を発表。日本がこれを承認したことが、事実上の終戦宣言となったのである。

062

8月15日は「戦争が終わった日」ではない

8月15日といえば、終戦記念日だ。終戦記念日と聞くと、どうしても「戦争が終わった日」だと思ってしまいがちであるが、それは正確に言えば間違いである。いわゆる「玉音放送」があった8月15日以降も、日本は戦闘を繰り返していた。相手は、ソ連軍である。ソ連は、日本が降伏文書に調印するまでは戦争状態であるとして、日本領への攻撃を続けていた。それを受けた日本側も、武装解除を進めていたにも関わらず、戦闘停止命令を破って21日まで交戦を続けていたのだ。ようやく日本が降伏文書に調印したのは、9月2日であった。

国を代表して降伏文書に調印する重光葵外相

このように、「戦争が終わった」と定義できそうな日はいくつか存在している。日本ではそのうち8月15日を終戦記念日として定めており、それが世間一般の認識になっているというのが、より正しい認識だ。

063

「昭和」は第二候補だった？

「昭和」と聞いてあなたは何を思い浮かべるだろうか。激動の時代、発展の時代、あるいは古き良き時代……。人によってその印象は違うにせよ、少なくとも「昭和」という時代が日本人に広く認知されていることは間違いないだろう。

さて、この「昭和」という元号だが、実は第二候補だったという噂があることをご存じだろうか。次の元号は「光文《こうぶん》」と決定していたのだが、発表直前に東京日日新聞らが「新元号は光文！」と報じてしまったため、急遽「昭和」に変更されたという説があるのだ。

ところが一方で、内閣と宮内庁が最終的に絞った3案に「光文」は入っていなかったという情報もある。そのため「光文」というのは選考途中のものが外部に漏れてしまったに過ぎず、それを新聞社が誤って報道してしまったという見方もあるのだ。

国の機密情報だけに様々な憶測が飛び交ってはいるが、果たして真相が明るみに出る日は来るのだろうか。

064

実は言っていない名ゼリフ　歴史編

語り継がれる偉人の名言は数多くあるが、その中には「本人はそんなことを言っていない」というものも存在する。そのうち、いくつか有名なものを紹介しよう。

織田信長・豊臣秀吉・徳川家康の性格を表した「鳴かぬなら〜」で始まるホトトギスの句は本人のものではなく、江戸時代に根岸鎮衛《ねぎししずもり》が書いた随筆集『耳嚢《みみぶくろ》』が出典とされる。

毛利元就が死に際に3人の息子へ伝えたという「三本の矢」の話は、そもそも作り話とされる。確かに3人の息子へ宛てた『三子教訓状』という手紙はあるが、その話は載っていない。

坂本龍馬の「日本の夜明けぜよ」も作り話で、時代劇『鞍馬天狗』の「杉作、日本の夜明けは近いぞ」というセリフが由来とされるが、これも落語家・林家木久扇の創作だという。

板垣退助が暴漢に襲われた際に言ったとされる「板垣死すとも自由は死せず」というセリフも、実際には後に本人が「アッと思うばかりで声も出なかった」と振り返っている。

このように、なぜか言ったことにされてしまっているという例は少なくないのである。

065

ピラミッドの建設現場はホワイトだった

古代エジプトではファラオ（王）の墓として数多くのピラミッドが建設された。ピラミッドの建設現場といえば、奴隷が鞭を打たれながら巨大な石を運ぶ過酷な労働環境だと信じられてきたが、労働者たちは過酷どころかそれなりに快適な暮らしをしていたと考えられている。

近年の発掘調査により、ピラミッドの近くに労働者の町が発見された。調査を進めると、労働者たちが家族とともに暮らしていたことや、対価としてパンや肉などの十分な食料が与えられていたことが判明した。こうした情報から、ピラミッドを建てた人々は奴隷ではなく雇用された労働者で、待遇も良かったと推測されている。さらに、町の近くからは労働者たちの墓も見つかっているが、奴隷であれば王の墓の近くに埋葬されることは考えられないとして、彼らがエリートの専属労働者であったことを示す根拠となっている。

ちなみに、労働者にはビールも毎日支給されていたという。今も昔も「仕事のあとの一杯は美味い」ということだろうか。

066

マゼランは世界一周をしていない

初めて世界一周をした人物はフェルディナンド・マゼランだと歴史の授業で教わった人も多いだろう。しかし残念ながら、マゼラン自身は世界一周を成し遂げられなかったのだ。

1519年9月、マゼランは5隻の船を率いてスペインの港を出発し、1年半後にフィリピンに到着した。マゼランらは多くの現地人をキリスト教に改宗させたが、次第に武力を用いて服従を要求するようになった。これに抵抗したラプ＝ラプ王はマゼランと交戦し、殺害してしまう。マゼランを失った船員たちは命からがら脱出した。

その後、マゼランの遺志を継いだ一行は1522年9月にスペインに帰港し、世界周航を終えた。このとき船長となっていたエルカーノおよび乗組員が初の世界一周達成者ということになる。マゼランは世界一周こそできなかったが、艦隊を率いたリーダーとして歴史にその名を留めている。

フェルディナンド・マゼラン

067

「太陽王」ルイ14世に関する誤解

ルイ14世はフランス絶対王政全盛期の王である。彼には「太陽王」という輝かしい別名があるが、その権威の高さからつけられたのではなく、彼が愛したバレエに由来するものだという。

ルイ14世が5歳でフランス王に即位した際には豪華絢爛なバレエが催され、ルイ14世自身も出演した。彼はバレエに熱中し、15歳で本格的な舞台デビューを果たした。このとき彼が演じたのが、太陽神とされるアポロンだ。彼はこの役を好み、太陽を自らのシンボルとした。これが「太陽王」という異名の由来とされる。ルイ14世は世界最古のバレエ団「王立舞踊アカデミー」を設立するなど、バレエの発展に大きく貢献している。そして72年という長い治世で王国の最盛期を築き、「太陽王」の名に恥じぬ君主となったのだ。

彼が多くの戦争やヴェルサイユ宮殿の建設を行ったことが国の財政難につながるのだが、それは別の話である。

068

マリー・アントワネットに関する誤解

マリー・アントワネットはルイ16世の王妃だが、贅の限りを尽くしたわがままな悪女というイメージがあるのではないだろうか。確かに国費をファッションや賭博につぎ込むなど、アントワネットに浪費癖があったのは事実だし、夜遊びなどの身勝手な行動も目立っていた。

マリー・アントワネット

しかし、アントワネットが諸悪の根源というわけでもない。彼女の散財が国の財政を悪化させたと思われがちだが、実際は莫大な軍事費が原因であり、彼女が生まれる前のルイ14世の時代から財政難の状態にあった。そもそも国家予算に占める王室費の割合は数%程度で、彼女一人が使えたのはさらにその一部であったという。彼女の金銭感覚のなさを物語る「パンがなければお菓子を食べればいいじゃない」という台詞があるが、これが作り話というのは有名だろう。彼女は民衆の不満のはけ口として、度を超えた非難に晒されていたのである。

069

ライト兄弟の飛行機は世界初ではない

ライト兄弟といえば世界で初めて有人動力飛行を成功させた人物として知られているが、ライト兄弟より前に飛行機を作った人物がいるというのはご存じだろうか。

その人物が、グスターヴ・ホワイトヘッドである。彼はライト兄弟より2年早い1901年に飛行機で800mほど空を飛んだというが、残念ながら証拠がほとんど残っておらず、正式な記録として認められていないのだ。そのうえ、世界最大級の航空機博物館を管理・運営するアメリカのスミソニアン協会までもが彼の記録を認めていないのだが、これには理由がある。

協会はかつて、サミュエル・ラングレーという別の人物を世界初の飛行機の開発者と認定していたのだ。ライト兄弟の弟オービルはこれに抗議したが、門前払いだったそうだ。

兄弟の死後、遺族はスミソニアン博物館にライト兄弟の飛行機を寄贈する際、世界初飛行がライト兄弟であると博物館に認めさせる契約を交わした。そのため、博物館はホワイトヘッドの初飛行を認められないのである。

070

蒸気機関は2000年前に発明されていた

18世紀イギリスで産業革命をもたらした蒸気機関。その発明者をジェームズ・ワットだと思っている人もいるかもしれないが、蒸気機関の歴史はなんと古代ギリシャまで遡る。

1世紀にアレクサンドリアのヘロンという工学者がいた。彼が発明したとされる「アイオロスの球」は、水を沸騰させるとノズルから蒸気が噴き出し、球が回転するという装置である。あくまでオモチャのようなものだが、これが世界最初の蒸気機関と言われているのだ。

アイオロスの球

時代は下って1698年、イギリスのトマス・セイヴァリは初の実用的な蒸気機関となる鉱山用排水ポンプを発明したが、不具合が多かった。その後トマス・ニューコメンがより有用な蒸気機関を発明したが、燃費が非常に悪かった。その後ニューコメン式装置の修理をしていたワットが装置の欠陥を発見し、約4倍も効率の良い蒸気機関を開発したというわけだ。

071

SLの発明者はスチーブンソンではない

現代で蒸気機関が用いられているものといえば、SL（蒸気機関車）だろう。そのSLの発明者をジョージ・スチーブンソンだと記憶する人もいるかもしれないが、それは正しくない。

SLの発明者はイギリスのリチャード・トレビシックである。彼は高圧蒸気を利用して蒸気機関の効率を上げる方法を発見した。そして1804年に世界初のSL・ペナダレン号を発明し、走行実験に成功した。しかし、もろいレールが車両の重さに耐えきれず破損してしまう。4年後に新たなSLを製作したが、これも商業化には至らず、彼はSL開発をやめてしまった。

ここでスチーブンソンが登場する。彼はSLの改良に取り組み、ついにSL・ロコモーション号で石炭を輸送する鉄道の実用化に成功した。その後1830年に彼のSL・ロケット号が、世界初の営業用鉄道であるリバプール・アンド・マンチェスター鉄道で運行された。こうしてスチーブンソンは「蒸気機関車の父」と呼ばれるようになったのである。

第3章

文化の誤解

072

銭湯の起源は仏教にあった

我々にとって「銭湯」は娯楽施設というイメージが強い。しかし意外なことに、銭湯のルーツは娯楽とは程遠いものだった。起源は6世紀、ちょうど大陸から仏教が伝わった時代にまで遡る。聖徳太子が積極的に取り入れようとしたこともあり、仏教はまたたく間に広まっていった。

仏教の儀式の一つに「沐浴」、つまり身体を洗い清めるというものがあるのだが、その沐浴のための浴堂がいまの銭湯の原型だと考えられているのだ。浴堂は当初、仏に仕えるものだけが利用する施設だったが、そこから一般の娯楽としても意識されるようになってきたのは、平安時代末だと言われている。さらに江戸時代にもなると、客がくつろぐスペースが設けられているような銭湯も登場しており、すでにこの頃から娯楽施設としての銭湯というイメージは出来上がっていたようだ。

当時の銭湯の様子を描いた浮世絵

073

「おに」にはもともと姿がなかった

鋭い牙と角、腰には虎の毛皮で作った褌《ふんどし》、赤く大きな身体を使って金棒を振り回し、人間を襲う――。「おに」と聞いてほとんどの人が思い浮かべるのが、このような姿だろう。しかし実際は、この「おに」のイメージは後から便宜的に作られた、いわば後付けの物だということをご存じだろうか。

そもそも、「鬼」と「おに」は厳密には違うものだ。「鬼《キ》」はもともと中国の漢字で、「キ=帰=帰って来た死人」、つまり幽霊のことを指している。

一方で日本語の「おに」は「隠《おぬ》=居ない」という言葉から派生したもの。本来は「姿の見えないもの」あるいは「姿の定まっていないもの」を指す言葉なのである。

困るのは、その「姿のないもの」を絵に描くときだ。そこで便宜的に作られたイメージが、現在私たちが思い描く「おに」だったというわけである。そのイメージが現代まで伝わっているのだから、面白いものだ。

074

般若のお面は変身途中の姿

生成（左）、般若（中）、真蛇（右）

般若は女性の嫉妬や悲しみ・怒り・嘆きといった複雑な内面を表現したお面である。とても有名なお面だが、般若はあくまで変身の途中の段階だということをご存じだろうか。

最初の段階が「泥眼《でいがん》」で、嫉妬心を持った美しい女性の役に用いられる能面だ。続いて「橋姫《はしひめ》」では眉間にしわも寄り、一層恐ろしい表情をたたえている。やがて怒りや嫉妬に狂うあまり角が生え出すのだが、まず「生成《なまなり》」という段階がある。角は少し生えているが、人間味も残っている。そして、角が伸びた「般若《はんにゃ》」となるのだが、これで終わりではない。怨念がさらに深まると、人間から動物へと変貌して「蛇《じゃ》」になり、これが凶暴になると「真蛇《しんじゃ》」になる。口はさらに大きく裂け、髪もほとんど無くなってしまうのだ。

075

口笛は神聖な儀式だった

現代では口笛というと、自分の身体をまるで楽器のように鳴らす楽しげなイメージが浮かんでくるものだ。しかし口笛の歴史を遡ってみると、そんな楽しげな雰囲気とは少し違うルーツがあることがわかる。「夜、口笛を吹くと蛇が出る」という迷信は、日本で暮らしていれば一度は聞いたことがあるだろう。実はこの迷信に、口笛のルーツは関係している。

そもそも口笛は昔「嘯《うそぶ》き」と呼ばれ、体から穢《けが》れを追い出したり、精霊や悪霊を呼び出したりする神聖な儀式の一部として扱われていた。そのため、一般市民が気軽に吹いて良いものではないとされていたのだ。特に夜は邪悪な「妖怪」の類が現れる時間帯とされており、邪悪の「邪」と「蛇＝ジャ」が結びついて、「夜、口笛を吹くと蛇が出る」という迷信が出来上がったというわけである。

現代の感覚では馬鹿らしいと感じてしまいがちな迷信にも、きちんとそれなりの歴史があるのだ。

076

江戸時代の花魁はあまり露出していない

成人式や夏祭りなどで「花魁《おいらん》風」と称した和装をする若い女性が増えている。花魁というと、首元や肩を露出させたセクシーな装いが思い浮かぶかもしれないが、江戸時代の花魁はそのような格好をしておらず、「花魁風」のものとは大きく異なるのである。

遊郭で働く遊女には階級があり、花魁はそのうちの位の高い遊女のことである。花魁の衣装は大変豪華なものであった。裾を引きずるほど長い丈や、簪《かんざし》や笄《こうがい》などの髪飾りなどが特徴だ。露出はうなじを見せる「抜き襟」くらいで、人前で地肌を見せることはあまりなかったという。

なお、肩を出すのは「夜鷹《よたか》」という最下層の遊女だとする説があるが、実際の夜鷹は着飾らず、むしろ肌が見えないように顔を隠し、ござを敷いて路上で春を売っていたという。

一方現代の「花魁風」では大胆な露出に加え、茶髪などを取り入れた斬新な装いも見受けられる。裾は引きずらず、髪飾りも造花などを加えた華やかなものになっていることがある。江戸時代の花魁の衣装とは異なるが、新しい着物のスタイルとして受け入れられているのだ。

077

地獄の閻魔大王は舌を抜かない?

閻魔《えんま》大王といえば、亡者の生前の罪を見抜き、来世の行き先を決める存在だ。地獄の支配者なのでとても偉いのは間違いないが、死後に裁きを下すのは閻魔大王だけではない。

人間が死んで三途《さんず》の川を渡ると審判が始まるが、ここで登場するのが「十王」、つまり10人の裁判官である。4人目までは殺生や盗みなどの罪を順番に調べ、5人目で閻魔大王が現れる。閻魔大王はこれまでの取り調べをもとに罪を読み上げ、亡者がどこに転生するかを決める。そして6~7人目で細かい条件を決め、7人目の泰山王《たいざんおう》が最終判決を下すのである。なお、ここまでの審判は7日ごとに行われ、7人目で最終判決が下る日を「四十九日」という。そして残りの3人は百か日、一周忌、三回忌にそれぞれ再審を行い、亡者に救済措置を与えるのだ。

「ウソをついたら閻魔様に舌を抜かれる」という迷信は有名だが、亡者を痛めつけるのは部下の役割なので、おそらく舌を抜くのは獄卒(鬼)たちだろう。八大地獄の中の大《だい》叫喚《きょうかん》地獄にはウソをついた者から舌を抜く地獄があり、これが迷信の由来になったとも考えられている。

078

仏教にお清めの塩の文化はない

葬式が終わって家に帰る前、お清めのために塩を体にふりかけたことがあるだろう。日本の葬儀はほとんど仏式のため、これも仏教の習わしかと思ってしまうが、仏教は一切関係ない。

死に触れたときに身を清めるという習慣は、神道のものである。日本神話ではイザナギが黄泉の国から地上に戻ったとき、穢《けが》れを祓《はら》うために川で体を洗ったとされる。また、海水を浴びて身を清める「潮垢離《しおごり》」という古来の風習もあった。これらが葬式の後のお清めの塩につながったとされる。日本では仏教と神道が混在しているため、仏式葬儀にも塩が使われるようになったのだろう。塩が選ばれた理由は、おそらく塩が持つ殺菌力や浄化力に由来すると考えられる。

ちなみに、仏教の中でも浄土真宗では塩を使わないという。浄土真宗では死後に必ず極楽浄土へ往生して成仏するという考えがあり、死を不浄なものとみなす思想を否定しているのだ。その影響で、最近ではお清めの塩を配らない葬儀場もあるという。必ずお清めしたいという人は、念のため自分で塩を携帯しておくと良いだろう。

079

告別式は本来宗教的な儀式ではない

葬式の流れは、通夜のあとに葬儀・告別式を行うのが一般的である。中でも告別式は出棺前の最後のお別れとしてメインに据えられることが多いが、本来は宗教的な意味を持たないのだ。

明治時代の思想家で「東洋のルソー」と呼ばれた中江《なかえ》兆民《ちょうみん》は、無宗教主義者だったため、葬式は不要という遺言を残した。友人の板垣退助らは遺言に従い、宗教的な葬式の代わりにお別れの会として「告別式」という名のイベントを企画した。当時の葬式は豪華な輿《こし》を担いで華やかな葬列を行うなど、経済的負担も大きいものだった。そんな中で兆民のための告別式をきっかけに、簡素な告別式の習慣が普及していったのである。

本来、葬儀と告別式は別の儀式だ。葬儀は故人の冥福を祈る宗教的な儀式であり、告別式は故人にお別れをする社会的な儀式という意味合いがある。最近では形式にとらわれないさまざまな葬式の形があるが、告別式もまた、新しい葬式の形として生まれたものだったのだ。

080

喪中にやってもいいことと悪いこと

喪中はお祝い事を避けるべきと言われている。結婚式や新年のお祝いを控えるなど、何かと気を遣うことになるが、やってもいいことと悪いことの区別がつくだろうか。

お年賀の場合は「新年を祝う」という意味があるので、自分や相手の喪中には控えるようにする。しかし、お中元やお歳暮の場合、お祝いではなく日頃の感謝を示すものなので、贈っても良いとされる。ただし四十九日を過ぎていない場合はそれ以降に贈るのが良い。

お正月は特に控えるべきことが多いが、中には判断に迷うものもあるだろう。初詣については、神道では死を穢れと考えるため、忌明けとなる50日を過ぎるまでは神社へのお参りを避けるべきとされる。一方、仏教ではそのような考えはないので、お寺への参拝は問題ないとされる。

おせち料理やお雑煮などは祝い膳なので、本来であれば控えたほうが良いとされるが、海老や鯛などの縁起物を抜いたり、重箱や祝い箸を使うのをやめたりすれば食べても良いという考えもある。これらは地域や時代によっても変化するので、臨機応変な対応を心掛けよう。

081

喪服の色は何度も変わっている

喪服の色は黒が一般的だが、実は日本の長い歴史の中で、その色が何度も変わっている。『日本書紀』などによると、古代日本では白い喪服を着ていたとされる。次いで奈良時代には法律として喪服の色が決められたのだが、中国に倣って色を決めた際、白い麻布を表す漢字を誤って薄墨色（灰色）と解釈してしまい、そのまま定着した。平安時代になると、より深い悲しみを表すために色を濃くした黒い喪服が着られるようになり、貴族の間で広まっていった。

一方で庶民の間では、黒染めするお金も手間もかからないため、白い喪服が主流であったとみられる。室町時代になると貴族文化が衰退し、上流階級にも白い喪服が復活していった。

再び黒い喪服が登場するのは明治以降である。欧米で一般的だった黒い喪服が取り入れられ、上流階級に普及したが、庶民の喪服は依然として白が主流だった。その後戦争によって戦没者の葬儀が頻繁に行われるようになったため、貸衣装店が喪服の色を汚れの目立たない黒へと一斉に統一し、今に至るのだという。

082

一本締めで手を叩く回数は1回ではない

宴会の最後に行われる「手締め」。会が無事に終わったことを祝うために、みんなで手拍子をするのだが、地域や状況によって手を叩く回数が変わることがある。最もポピュラーなのが「一本締め」だが、これを「ヨーオッ、パン」と1回だけ手を叩くことだと思っていないだろうか。

1回だけ手を叩くのは「一丁締め」で、別名「関東一本締め」というものだ。これは略式で、大きな音で周りに迷惑をかけないよう、手短に済ますためのものだ。一方、「一本締め」では「ヨーオッ、パパパン、パパパン、パパパン、パン」と10回手を叩く。これを3回行うと「三本締め」となる。「一本締めで」と言うと、間違って覚えている人と正しい一本締めを知っている人がいて手拍子が揃わないこともあるので、事前にアナウンスをしたほうが良いかもしれない。

これ以外にもローカルなものとして「大阪締め」「博多手一本」というものも存在する。セリフは異なるが、どちらも手を叩く回数は7回で、1度目で2回、2度目も2回、3度目は3回手を叩く。なお、博多手一本では最後に拍手をしない。

083

『西遊記』のキャラに関する大きな誤解

『西遊記』は中国四大奇書の一つにも数えられる小説で、日本でもドラマ化されるなどしてよく知られているが、日本版と原作でキャラクターの描写が大きく異なる場合がある。

日本のドラマ版で三蔵法師といえば夏目雅子や深津絵里などの女優が演じたものが有名だが、本物の三蔵法師は男性だ。モデルになった玄奘《げんじょう》は中国・唐の僧で、インドから大量の経典を持ち帰った人物である。彼のインド旅行記である『大唐西域記《だいとうさいいきき》』が『西遊記』のモデルになったとされる。なお、三蔵法師とは仏教の聖典に精通した僧に与えられる称号で、玄奘はそれを授かった僧の一人である。

中国の絵画に描かれた沙悟浄

三蔵法師のお供の一人・沙悟浄の姿も、日本版では河童のイメージが強いが、中国では川（原作では砂漠）に住んで人を襲う妖怪の姿で描かれる。川の妖怪という共通点から、なぜか日本独自の妖怪である河童に改変されてしまったのだろう。

084

レンブラントの『夜警』は昼間を描いた作品

『夜警』は、オランダの画家レンブラントの絵画の中で最も有名なものだ。美術の教科書などで目にしたことがあるだろう。武装したアムステルダムの自警団を描いたこの絵だが、夜警というタイトルだから当然夜の絵かと思いきや、実際には昼の光景が描かれているのだという。

画面の中心を見ると、左上から太陽の光が差し込んでいることがわかる。

この絵には保護するためにニスが厚く塗られたのだが、長い年月が経ったことでニスが黒ずんでしまい、夜の風景のようになってしまったのだ。絵の修復作業を行う際に洗浄したところ、黒ずみが落ちて明るくなったという。この絵の正式なタイトルは定まっていないようだが、『夜警』というタイトルは黒ずんだ絵を見た後世の人々が名付けたものだといわれる。

085

ロダンの『考える人』は考えていない

日本でも国立西洋美術館や京都国立博物館で見られる、オーギュスト・ロダンの彫刻『考える人』。これは何かを考えているというより、本当は「見下ろす人」なのだ。

『考える人』はもともと、『地獄の門』という彫刻作品の一部分として作られた。これはイタリアの詩人・ダンテの『神曲《しんきょく》』の「地獄篇」をモチーフにした作品だ。『考える人』は門の入口の上に座って、地獄に落ちていく人々をじっと見つめているのだ。そして『地獄の門』から『考える人』の部分だけを独立させて展示させることになった際、ロダンは『詩人』というタイトルをつけていたが、像を鋳造したリュディエという人物が『考える人』と名付けたという。

オーギュスト・ロダン『考える人』

ちなみに、『考える人』のポーズを改めて確認すると、右肘を左の太ももにくっつけていることがわかる。なお、脚は組んでいない。実際にやってみるとかなり不自然な体勢だ。

086

クリスマスの由来はキリスト教ではない

クリスマスはキリスト教が由来と思いきや、実はその起源は異教の祭りと言われている。

古代ローマでは冬至の日に「不敗の太陽神《ソル・インウィクトゥス》」の再生を祝う祭典があった。そして同時代、キリスト教が公認される前のローマ帝国で、古代インド・イラン発祥とされるミトラ教が広まっていた。ミトラ教は太陽神ミトラを信仰する宗教で、ミトラ教徒はローマの「不敗の太陽神」とミトラを同一視し、当時の暦で冬至である12月25日にミトラの再生を祝うようになった。

ミトラ教は帝国全土に広まったが、次第にキリスト教が発展し始めた。当時はキリストの誕生を祝う習慣がなかったが、キリストがこの世を照らす光とされていたこともあり、ローマ教会は太陽神ミトラとキリストを重ね合わせた。そしてミトラの再生を祝う祭日である12月25日が、キリスト教ではキリストの誕生を祝う日として定められ、クリスマスとして現在まで続いているのである。なお、12月25日はキリストの「誕生日」ではない。以上の理由から、あくまでキリストの「誕生を祝う日」なのだ。

087

サンタクロースは北欧生まれではない

サンタクロースは雪深い北欧のイメージが強いが、実はあまり関係がない。

サンタクロースのモデルとされるのは、4世紀初めに現在のトルコで司教をしていた聖ニコラウス。貧しい人々や冤罪をかけられた市民を救った伝説が残り、聖人として崇敬されている。

中世のオランダでは、聖ニコラウスの命日である12月6日に祝祭を行う風習ができた。聖ニコラウスをオランダ語では「シンタクラース」といい、これがサンタクロースの語源になったとされる。祭りの日になるとシンタクラースが赤い祭服を着て白馬に乗って街に現れるという。

聖ニコラウス

その後アメリカ大陸が発見され、アメリカへ移り住んだオランダ人がシンタクラースの祭りを伝え、やがて世界各地の伝承の影響を受けてサンタクロースへと変化したとされる。

088

中世ヨーロッパの食事は手づかみだった

西洋料理というとテーブルマナーが多く、お行儀の良いイメージがあるかもしれないが、中世ヨーロッパの食卓は現在のものとは大きく異なっていた。当時の王侯貴族たちは狩猟生活の名残で、大きな骨付き肉をナイフで切り分けて食べていた。フォークは無く、手づかみで肉に食らいついていたのだ。ほかにも食事中に汚れた手や口をテーブルクロスで拭いていたり、器やグラスを隣の人と共有していたりと、現代なら行儀が悪いどころの話ではないが、当時はそれが当たり前だった。城の中でさえこれだから、庶民の食卓の様子については言うまでもない。

1533年にイタリアの名家・メディチ家のカトリーヌがフランス王家に嫁いだとき、付き添いのシェフが王宮のテーブルマナーの汚さに驚いたという。依然として手づかみの食事が行われていたのである。そのシェフが著した『食事作法の50則』という本が、世界初のテーブルマナー専門書とされる。これがヨーロッパ各国に伝わり、イギリスとフランスが自国のプライドをかけて競うようにテーブルマナーをアレンジし、現在に至るという。

089

チャイナドレスは西洋風の衣装

お団子頭にチャイナドレス姿の女性を見れば、誰もが中国人だと思うだろう。チャイナドレスは中国の伝統的な民族衣装だと思われがちだが、実際は西洋の影響が強い。

そもそも中国人の大部分を占める漢民族の伝統的な衣装は「漢服」というもので、これが正真正銘の中国の伝統衣装だ。しかし、明王朝が滅び、満州族による清王朝が成立すると、漢民族は満州族の髪型と服装を強制された。お団子頭の両把頭《りょうはとう》は、満州族の女性の髪型である。そして満州族の女性が着ていたのが、チャイナドレスの原型となった「旗袍《チーパオ》」である。

20世紀に西洋文化が流入すると、旗袍にも西洋のデザインが取り込まれ、体にフィットするよう腰回りや裾が絞られた現在のチャイナドレスが出来上がった。つまり、チャイナドレスは満州族の衣装を西洋風にアレンジしたものなのだ。現在の中国では、パーティーや結婚式用の正装として着られている。

チャイナドレスの原型「旗袍」

090

インド人はほとんどターバンを巻かない

インド人男性の姿を思い浮かべると、ターバンを頭に巻いた男性の姿を想像してしまうのではないだろうか。しかし、ほとんどのインド人はターバンを身に着けていないという。

現在ターバンを巻く習慣があるのはシク教の信者くらいだ。シク教は15世紀末にナーナクによって創始された宗教で、元首相のマンモハン・シンやプロレスラーのタイガー・ジェット・シンなども信者である。シク教徒は髪や髭を切ることを禁じられているため、長髪をまとめたり頭を守ったりするためにターバンを着用するのだという。

ターバンを巻いたシク教徒の男性

インド人の約80%がヒンドゥー教徒だが、それに対してシク教徒はインド人全体の2%以下にすぎない。ターバンはもともと宗教的な敬虔さや出自などを表すものとされ、昔はヒンドゥー教徒もイスラム教徒もターバンを巻いていたようだが、現在はあまりそのような習慣はないようだ。

第4章

生物の誤解

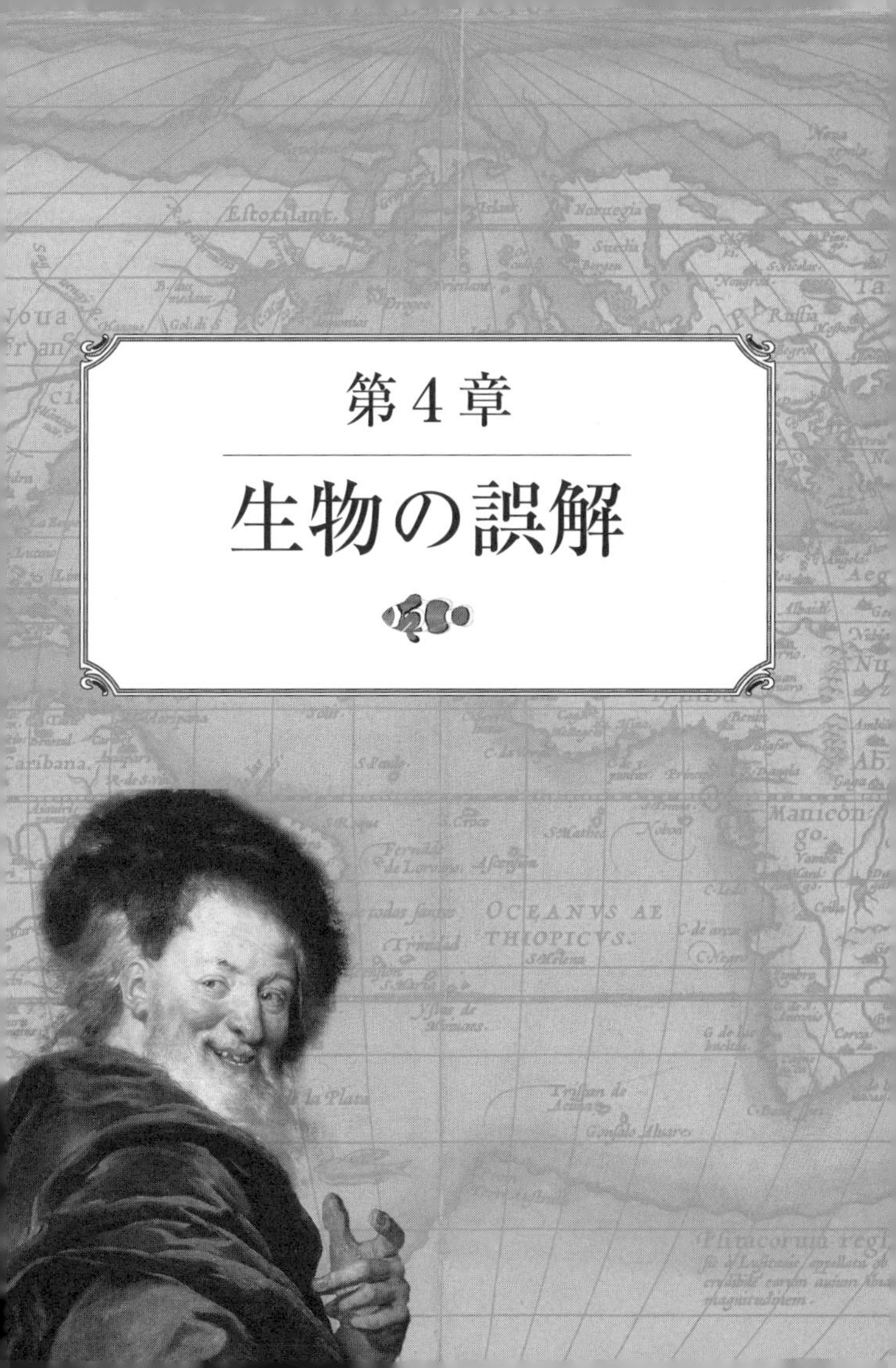

091

食後すぐ横になっても太らない

子どものころ、「食べてすぐ横になったら牛になるよ」と怒られたことはないだろうか。食後すぐにだらしない体勢をとっていると太ってしまう、という意味らしいのだが、実は医学的にはむしろ「食後すぐに横になること」は良いことだとされている。

私たちは、食後は食べたものを消化し、栄養を蓄えておかなくてはならない。そのためには胃や腸、肝臓にたくさんの血液を集める必要があるわけだが、立って動いているより、横になっている方がはるかに血液が臓器に集まりやすいとされているのだ。一般的には、食後30分~1時間ほど横になった方が良いと言われている。横になることができない状況であれば、椅子やソファなどにゆったりと座るのも良いだろう。

ただし勘違いしてはいけないのが、あくまで体に良いのは「横になる」ことであるという点だ。「横になる」を通り越してぐっすり眠ってしまうと、これは肥満の原因になってしまうので注意が必要である。

092

食物繊維が便秘を悪化させることがある

便秘解消に良いとされる食物繊維だが、正しく摂取しなければむしろ便秘を悪化させる恐れがあるということをご存じだろうか。

まず知っておくべきなのは、食物繊維には二種類あるということだ。一つは腸内で水に溶け、他の食品と混ざり合いながら柔らかい便を排出させる働きのある「水溶性食物繊維」。もう一つは水に溶けず、便を大きくすることで腸の動きを活性化させる「不溶性食物繊維」だ。前者は昆布やわかめ、後者はゴボウや豆類などに含まれている。

気を付けないといけないのは、この「不溶性食物繊維」の方だ。便秘にも数種類あるのだが、ストレスが原因で腸の働きが弱くなるタイプの便秘のときには「不溶性食物繊維」を摂りすぎない方が良い。というのも、腸が弱った状態で便を大きくし過ぎると、便が硬くなり、かえって排出が難しくなってしまうのだ。自分の便秘の種類を見極めてから、どちらの食物繊維を摂るのか判断するのが良いだろう。

093

ヨガは痩せるためのものではない

運動不足の解消やダイエット効果を期待して教室に通っているという人も珍しくないヨガ。そのような世相も影響してか「ヨガ＝痩せる」と思い込んでいる人も多いようだが、本来ヨガというのは古代インド発祥の伝統的な修行法だ。その修行は精神を鍛えて「解脱」を目指すというものであり、つまり現代のようなフィットネス要素は元々ないのである。

そもそもヨガは、精神を鍛えるためのものだ

では、形を変えフィットネスとして普及している現代的なヨガをやれば痩せられるのかというと、これも正しいとは言い切れない。ホットヨガなど「痩せる」ことに重きを置いているものも存在するが、やはり基本的にヨガは精神を鍛えるもの。それが結果的に身体に良い影響を与えることもあるかもしれないが、体重や脂肪が落ちることにはなかなか直結しづらいというのが現実だ。

094

酵素ドリンクは健康に影響なし⁉

食べ物の消化を助けたり、新陳代謝を活発にしてくれる「酵素」。この酵素を外から直接摂取することで体調の改善ができるという「酵素ドリンク」なるものが販売されている。ダイエット効果も期待できるとして愛飲している人も見かけるが、最近ではこの「酵素ドリンク」について懐疑的な意見も出てきていることをご存じだろうか。

その理由の一つが、「酵素を直接摂取しても体内で分解されてしまう」というもの。そもそも酵素というのはタンパク質であり、たとえ外から摂取しても胃の中で分解され、活きた酵素として働くことはないというのだ。

もう一つの理由は、「ドリンクに入っている酵素はそもそも死んでいる」というものだ。日本では食品衛生法により、販売する飲料は高温で加熱殺菌しなければいけないと決まっている。ところが人体で働く酵素は60℃前後で壊れてしまうという説があるため、市販されている「酵素ドリンク」の酵素はすでに活動を止めてしまっていると主張する人もいるのである。

095

健康サンダルは健康に悪い⁉

表面の突起物が足つぼを刺激し、健康に良いとされている「健康サンダル」。履いているだけで健康に良いのだから、こんなに楽なことはない。まさに夢のようなサンダルである。

しかしそんな「健康サンダル」も、履きすぎると体に良くないと言われている。初めは心地よく足裏を刺激していた突起も、長時間ずっと触れていると今度は足裏にダメージを与えるようになってしまうのだ。このダメージが原因で皮膚が厚く、硬くなり、足裏の違和感や乾燥を引き起こしてしまうことがあるのである。

「健康サンダル角化症」という言葉もあるくらいで、痛みや見た目の大きな変化こそないものの、悪化すれば他の病気との合併症もありえるとされている。

「健康サンダル」に限った話ではないが、いくら便利で良いものでも度を越して使いすぎると、急にデメリットが襲い掛かってくるということは少なくない。どんなものであれ「適量」を見極めることが重要なようだ。

096

汗をかいてもデトックス効果はない⁉

体内の老廃物や有害物質を排出するデトックス。半身浴やサウナなどで汗をかき、汗と一緒に毒素を出すという方法も一般的だが、このやり方では効果が期待できないという研究もある。

そもそも人間が汗をかくのは体温を下げるためであって、老廃物を排出するためではない。確かに汗にも有害物質が含まれているが、その量はごくわずかだという。研究によれば、普段の食生活で体内に取り込む有害物質のうち、汗によって排出できるのはわずか0・02〜0・04％とのことだ。また、初めはサラサラだった汗がベタベタの汗になったことで「毒素が出た」と勘違いする人もいるようだが、実際には汗の塩分濃度が高くなっただけである。

では人間はどうやって毒素を排出しているのだろうか。体内に取り込まれた有害物質は肝臓で無毒化され、さまざまな方法で排出されるが、その大部分は排便と排尿である。毎日のきちんとした排泄こそが、よりデトックスに有効なのだ。しかし汗をかいてすっきりとした気分になるのも事実。発汗によるストレス解消効果は期待できるかもしれない。

097

汗は臭くない

夏になると、多くの人を悩ませる汗問題。汗染みやベタつきなど悩みは多岐にわたるが、中でも頭を抱えるのが、汗のニオイだろう。しかし意外なことに、実は体から分泌されたばかりの汗自体はほとんど無臭である。

では、あのイヤな汗のニオイはどこからくるのだろうか。

分泌された汗はまず体に付着した皮脂や汚れと混ざり、その後皮膚の常在菌によって分解されるというプロセスを辿る。汗のニオイが発生すると言われているのは、この常在菌による分解のときである。つまり身体に付着している皮脂や汚れが多いほど、汗のニオイは発生しやすいというわけだ。

ということは逆に考えると、汗のニオイが気になるという人はまず自分の身体を清潔に保つことを意識すれば良いということになる。それでも気になる場合は、市販のデオドラント剤を試したり、通院を考えたりすると良いだろう。

098

爪と健康の関係性に関するデマ

よく、「爪はその人の健康状態を表している」などと言われることがある。確かに「爪が白っぽくなってきたら肝臓の病気の疑いがある」など、爪の状態はある種健康のバロメーターの役割を果たしている部分もある。しかしその一方で、爪と健康状態の関連性に関する誤った情報が広まってしまっているというのも事実だ。

「爪半月《そうはんげつ》（爪の根元の白くなっている部分）が大きい人は健康」という話を聞いたことはないだろうか。ルヌーラとも呼ばれるこの爪半月は、まだ成長途中の柔らかい爪のようなもの。「これが大きいほど健康だ」とたまに言われることがあるのだが、これは全くのデマだ。

爪半月の大きさはほとんど生まれつきで決まっており、健康状態とは一切関係ないのである。健康に関するデマ情報は出回りやすいので気を付けよう。

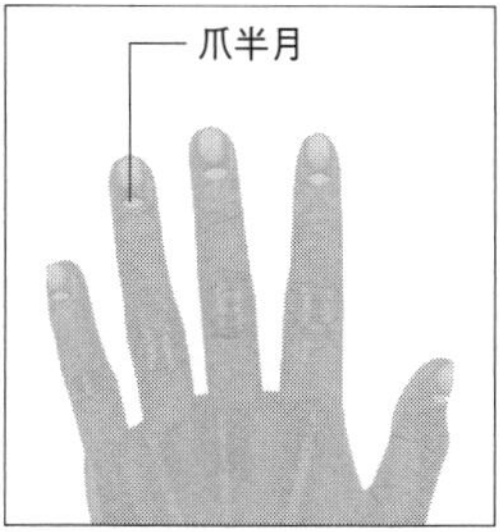

爪半月は、健康状態とは無関係

099

爪は平らに切るのが正しい

あなたは爪切りをするとき、何も考えずに伸びた部分を切っていないだろうか。間違った爪の切り方を続けると、爪の端が大きく曲がる巻き爪の原因にもなる。そこで推奨されるのが、「スクエアオフ」という方法だ。まず爪の先端を平らに切り、尖った角を少しだけ切り落とすかヤスリで削る。爪の長さは指の先端と同じくらいにするのが良い。

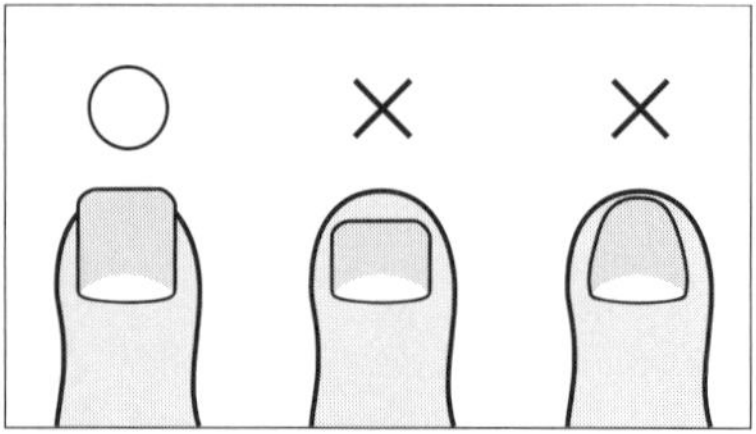
一番左がスクエアオフ

短く切って深爪にすると、巻き爪だけでなく、爪が皮膚に食い込む陥入爪《かんにゅうそう》を引き起こす原因にもなりかねない。特に足は、歩行や運動によって爪に力が加わり、痛むことがある。さらに、重度の深爪になると細菌が侵入しやすくなり、そこから化膿してしまうと手術が必要となることもあるので、注意が必要だ。

爪をスクエアオフにしておくことで、こうした危険を防ぐことができる。健康を保つためにも、爪は正しく整えて清潔にしておこう。

100

舌に味覚の分布があるのはウソ

「味蕾《みらい》」という器官をご存じだろうか。これは食べ物の味を感じ取るための器官で、人間の舌には実に約1万個の味蕾があると言われている。

味蕾と言えば、小学校の授業などで「舌先は甘みを感じている」「根元の方は苦みを感じている」といった分布を学んだという方も多いかもしれないが、実は最近の研究でこのような味覚の分布は否定されている。というのも、一つの味蕾が甘味、塩味、酸味、苦味、うま味、脂肪味の「基本味」全てを感じられるということが判明したのである。

ちなみにこの味蕾、なにも人間が一番多く持っているというわけではない。最も多くの味蕾を持っているとされている動物は、ナマズだ。人間の味蕾が約1万個とされているのに対し、ナマズはなんと約20万個。口の中だけでなく全身に味蕾を持っているのだ。

これは、ナマズが普段視界の悪い濁った水の中で生活していることが理由だとされている。視覚の代わりに味覚でも獲物などを検知できるというわけだ。

101

勘違いしがちな目薬のさし方

あなたは普段、どうやって目薬をさしているだろうか。特にコンタクトレンズを使う人や花粉症の人には身近な存在である目薬であるが、実は多くの人が間違ったさし方をしているとされている。

例えば、さした後に目をパチパチさせて全体に浸透させようとする行為。これは目薬の成分が流れ出ることになってしまい、むしろ逆効果である。目薬を差したあとは、数分間目をつぶったままにするか、あるいは軽く目頭を押さえるのが効果的だとされている。

加えて、数滴を一気にさしてしまう人も見かけるが、これもNGである。基本的に目薬は一滴でちょうど良いように調整されている。それをさしすぎるとかえって成分が残りすぎてしまい、角膜を傷つけることがあるのだ。

目薬に限ったことではないが、体調不良を助けてくれる薬も、使いすぎるとかえって体に良くない。説明書に記載されている回数をきちんと守るようにしよう。

102

にんにく注射はにんにくのエキスではない

効果的に体力が回復でき、また比較的安価で利用できるということで人気の高い「にんにく注射」。この「にんにく注射」について、にんにくのエキスを直接注射しているのだと思っている人もいるのだが、それは完全に勘違いだ。

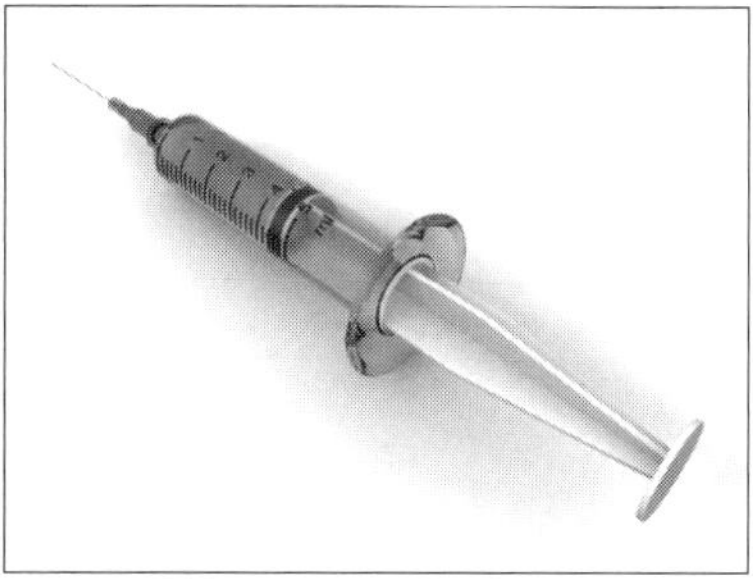
にんにく注射のニオイは、体に残るわけではない

「にんにく注射」の主な成分はビタミンB1。体のエネルギーを作り出す働きがあるのだが、このビタミンB1から少しにんにくのようなニオイがするため、「にんにく注射」と呼ばれるようになったというだけの話である。

ちなみに「にんにく注射」のニオイは、にんにく料理を食べたときのように体に残ることはない。過剰摂取による副作用なども無いようなので、疲れが溜まって悩んでいる人は一度病院で相談してみても良いだろう。

103

水に溺れても大声で叫ぶことはできない

映画や漫画などで「水に溺れている人」はどのように描かれているだろうか。多くの人は、「バシャバシャと音を立てて、大声で助けを求める」といったシーンを想像するだろう。しかしこれは、あくまでのフィクションの中での話だ。実際に人間が溺れるときには、あのように大きな声を出すことは不可能なのである。では人間はどうやって溺れていくのだろうか。

まず何より、呼吸をすることに精一杯になる。するとどうなるか。恐ろしいことに、大きく手を振ったり、ましてや大声を出す余裕など一切なくなってしまうのだ。これを「本能的溺水反応」と言うのだが、これによって人間は、自分が思っているより静かに溺れていってしまうという。

これを踏まえて特に注意しなければならないのが、子どもだ。海水浴や、あるいは自宅のお風呂であっても、「困ったら大きな声を出すだろう」「すぐに気付けるだろう」などと油断していては、後で取り返しのつかないことになってしまうこともあるのである。

104

ゴリラは「パー」で胸を叩いている

オスのゴリラは胸に大きな袋を持っている

ゴリラはよく胸を叩いているイメージがあるが、これは「ドラミング」といって、主にオスが敵を威嚇して戦いを避けたり、仲間に自分の位置を知らせたりするための行為だと考えられている。そんな「ドラミング」だが、ほとんどの人は手を「グー」にして叩いていると思っているのではないだろうか。実はそれは間違いで、ゴリラが胸を叩くときの手は「パー」だ。成長したオスのゴリラの胸には大きな袋があり、それを息で膨らませて太鼓のように叩くことで遠くまで音を響かせているのである。

ちなみにゴリラと言えば「ゴリラはみんなB型」という雑学が有名だが、これは間違いである。みんながB型なのは、「ニシローランドゴリラ」という種のみ。このニシローランドゴリラがゴリラの全体の約9割を占めているため、このような誤解が広まったのだろう。

105

チンパンジーの笑顔は屈服の表情

チンパンジーが、「ニッ」と歯をむき出している表情を見たことがあるだろうか。そのいたずらっぽい表情から、こちらはつい「チンパンジーが笑っている」と考えてしまいがちだが、実はこの表情、笑っているのではない。

この表情は「グリマス」と呼ばれており、地位や力が自分より優位な者に対して「こちらは敵意を持っていませんよ」という意思を示すためのものだ。楽しくて笑っているというわけではない。また、力で優位でないものに対しても、例えばオスがメスに求愛する場合にはこの「グリマス」を見せることがある。「グリマス」は相手を宥めたり、不安を取り除いたりする役割も果たすようだ。

ただ、チンパンジーが笑っているように見える顔がすべて「グリマス」かというと、そうではない。彼らは仲間とじゃれ合ったりして純粋に楽しくて笑うこともあるのだ。テレビや動物園で見かけたら、注意して観察してみると面白いかもしれない。

106

ウサギ＝ラビット（rabbit）ではない

比較的なじみのある生き物で、ペットとして飼育しているという人も多いウサギ。日本では一律に「ウサギ＝rabbit《ラビット》」と捉えられているが、これは誤りである。厳密にはペットなどとして飼われているウサギを英語で「rabbit《ラビット》」と呼び、その他の野ウサギのことは「hare《ヘアー》」と呼ぶのが正しいのだ。

「hare《ヘアー》」と呼ばれる野ウサギは「rabbit《ラビット》」とは違い、生まれてすぐに目や耳が十分機能している。しかも耳は音がよく聞こえるように長く発達し、同時に体温調節の役割まで果たしているのだ。これは生まれてすぐにでも外敵から身を守るためであり、なんと種によっては時速80ｋｍで逃げることもできる。

「hare《ヘアー》」と呼ばれるウサギは一般的に想像されるものとはだいぶイメージが異なるようである。

野ウサギは、一般的にイメージされる「ウサギ」とは少し違う

クマはハチミツが大好物ではない

マンガやアニメ、絵本などにおいて、よく動物の大好きな食べ物が描かれる。可愛い動物たちが嬉しそうに食べ物を食べる、非常に微笑ましいシーンだ。しかし、彼らは本当にその食べ物が好きなのだろうか？

例えばクマとハチミツというのは、その代表的な組み合わせと言って良いだろう。クマが養蜂箱を襲って問題になっているというニュースも、たまに取り上げられている。

しかし残念なことに、養蜂箱が襲われただけで「クマはハチミツが大好物」という答えを出すのは早計だ。確かにクマは養蜂箱を襲うが、それは別にハチミツが好きだからではない。むしろクマが望んでいるのは、蜂の子を食べることで豊富なタンパク質と脂質を摂取し、冬眠に備えることなのだ。

全くハチミツを食べないということはないが、何よりもハチミツが好きだというのは、あくまでフィクションの世界のお話のようだ。

108

シロクマは白くない

我々が俗に「シロクマ」と呼んでいるクマは、正式には「ホッキョクグマ」と呼ばれている。その名の通り北極周辺のアラスカ、グリーンランド、シベリアなどに生息している、クマ科の動物だ。そんなホッキョクグマだが、正確には白色ではないということをご存じだろうか。

半透明の体毛は、寒さから身を守るのに役立つ

まず彼らの地肌は、意外なことに黒色をしている。寒い土地で暮らしていけるよう、太陽光を吸収しやすいようにしているのだ。

ではその地肌を覆う体毛は白色なのかというと、それも違う。彼らの体毛は半透明で光を通しやすく、太陽光の熱をより広く体に行き渡らせることができる。その体毛に光が反射して、我々には白く見えているというわけだ。体毛は中が空洞になっており、熱を逃がしにくい構造になっている。寒い土地に非常に適した体なのだ。

109

シマウマは、ウマよりロバに近い

テレビや動物園でよく見かけるシマウマ。人気も高くおなじみの動物だが、実はその見た目と名前のせいで多くの勘違いをされている動物でもあることをご存じだろうか。「シマウマ」だと言っておきながら、そもそも彼らは「ウマ」よりもむしろ「ロバ」に近い動物である。よく見比べてみれば確かにロバに近い気もするが、名前から勘違いしている人は多いだろう。

またその見た目からも、シマウマは誤解されやすい動物だ。珍しくて派手な縞模様から、なんとなく「可愛くて人懐っこい性格」だと思っている人も多いかもしれない。しかし実際はその逆だ。シマウマは非常に気性が荒く、人間に懐くこともほとんど無い動物である。

人間の言うことをほとんど聞かないため、ロバのように荷物を運搬させたり、あるいは競走馬のように調教することなどはとても不可能だと言われているのだ。

110

誤解されがちなハイエナ

ハイエナには「獲物を横取りする頭の悪い動物」というマイナスのイメージが付きまといがちだが、実際は強くて賢いハンターなのをご存じだろうか。

ハイエナは非常に狩りが上手く、6割以上の食べ物を自分たちで得ているという。獲物を横取りするどころか、むしろライオンから獲物を横取りされることもあるくらいだ。

また、ハイエナは動物の死骸を食べることで知られるが、ハイエナは強力な歯と顎を持っており、他の動物が食べられない骨まで噛み砕くことができる。その姿は残虐に見えるかもしれないが、腐った死肉や骨を分解して環境に戻す役割があるため、生態系において重要な役割を担う「サバンナの掃除屋」なのである。

他人の利益を奪う悪人のことをハイエナに例えることもあるが、ハイエナの本当の生態を知れば、この使い方はあまり正しくないということがわかるだろう。

アフリカに生息するブチハイエナ

111

キリンの角は2本ではない

キリンというのは実に変わった動物だ。「20分ほどの睡眠を立ったまま取ることが多い」「首と首をぶつけ合って激しいケンカをする」「50センチメートルほどの長い舌を持っている」など、挙げればキリがないほど興味深い雑学が出てくる。

中でも不思議なのが、キリンの角だ。キリンに角があることは多くの人が知るところだと思うが、その本数を正確に答えられる人は少ないのではないだろうか。

キリンの角は２本だけではない

実は、キリンの角は5本ある。まず頭部に生えている、わかりやすいものが2本。そしてその手前、額の位置に1本。加えて後頭部、耳の近くに2本。以上で計5本である。頭の2本だけというのは間違いなのだ。ちなみにこの角、5本も付いている割には、特に用途はない。かつて戦闘に使っていた角が、進化の過程で退化したものではないかと考えられている。

112

猫にドッグフードを与えてはいけない

ドッグフードとキャットフード。特にペットを飼った経験がない人などは、「名前が違うだけで、ほとんど同じようなものだろう」と思ってしまいがちだが、実はこれは大間違いだ。

生き物には、体内で合成できないため食事から摂取しなければいけないアミノ酸、「必須アミノ酸」というものがある。それを補うために動物のエサにはそれぞれの「必須アミノ酸」が含まれているのだが、犬と猫それぞれの「必須アミノ酸」は当然同じではない。例えば「タウリン」という栄養素は猫の「必須アミノ酸」だが、犬は自分の体内で「タウリン」を生成できる、といった具合である。

これを踏まえて、仮に猫にドッグフードを与え続けたらどうなるか。タウリンは犬の「必須アミノ酸」ではないためドッグフードには含まれていない。そんなものを食べ続けていては、猫はタウリン不足になってしまい大変危険である。ドッグフードとキャットフード、それぞれに分けられているだけの理由は、きちんとあるのだ。

113

猫は魚好きというわけではない

古くから親しまれてきた動物であるだけに、猫に対するイメージや迷信というのはおよそ日本人全員が共有できるものになっている。例えば有名なのが、「猫＝魚好き」というイメージだ。おそらく日本人からしたら、これは常識レベルの知識だと思われる。

しかし実は、「猫＝魚好き」は世界共通の認識ではないのだ。

このようなイメージが定着した背景には、日本ならではの食文化が大きく関係している。そもそも江戸時代に入るまで日本にはあまり肉食の文化が根付いておらず、猫に与えるエサが必然的に魚中心だったということから「猫＝魚好き」と考えられてきたというだけの話なのだ。つまり食文化の異なる海外では、猫の好物は肉だとされているケースも珍しくないのである。

「黒猫に横切られたら不幸になる」という迷信も、決して世界共通のものではない。日本では不幸の象徴とされがちな黒猫だが、その一方でイギリスの一部地域で黒猫は「幸運の猫」とされ、苦労しているときに飼うと運が向いてくると言われていたりするのである。

114

猫は滅多に「ニャー」と鳴かない

猫の鳴き声と言えば、誰もが「ニャー」だと思っているはずだ。もちろんそれは間違っていないのだが、実は猫が「ニャー」と鳴く機会は思ったより少ないのだということをご存じだろうか。

猫が「ニャー」と鳴くのは基本的に人間に甘えるときか、子猫が母親に甘えるときしかないと言われている。つまり大人の猫同士で「ニャー」と鳴き合うことはほとんどないのだ。

これを別の視点から考えてみると、大人の猫が人間に対して「ニャー」と甘えるということは、猫は人間を養育者としてきちんと認識しているのだと言うこともできる。「飼い主にあまり関心がない」と思われがちな猫にしては、意外な一面だ。

ちなみに最近の研究では、猫はきちんと自分の名前を聞き分けているという結果も出ている。これからさらに研究が進むことで、猫に対する認識や接し方も徐々に変化していくのかもしれない。

115

意外な声で鳴く動物たち

動物たちは威嚇や求愛のために鳴き声を使うが、鳴き声が知られていない動物も多い。まずは日本にも生息する動物から。キツネは日本ではコンコンと鳴くといわれるが、「ギャン」と犬のように吠えることもあれば、「ニャー」と猫のような声を出すこともある。ウサギは声帯を持たないが、「ブー」と鼻や喉を鳴らす。ちなみに、ナキウサギという種類もおり、こちらは「ピィッ」と短く鳴く。オスのシカは発情期になると「キャァァアアア！」という叫び声のような声で鳴き、警戒するときは「ピャッ」と短い笛のような声で鳴く。

続いて外国の動物を見てみよう。カバは巨体から「ヴォー」という低く響いた声を出す。キリンはウシ亜目に分類されることもあり、ウシのように「モー」という低い鳴き声を出す。シマウマはウマのようにいななくと思いきや、犬のように「ワン」と吠えるように鳴く。パンダは10種類以上の鳴き声を持ち、「メェー」と震えた声で鳴くこともあれば、喧嘩をするときに「ワン」と鳴くこともあるという。気になる人はぜひ動物園に行って確かめてみよう。

日本に生息する意外な外来種

古くから日本で親しまれてきているものの、ルーツを辿れば「意外に外来種だった！」という生き物は多く存在している。この項では、そんな意外な外来種を一部紹介したい。

例えば、「セイヨウミツバチ」だ。名前を聞けば「西洋から入って来たミツバチ」だとすぐにわかるが、見た目はいたって普通。おなじみのミツバチである。明治時代に輸入され、飼育がしやすくハチミツの生産性も高いことから、養蜂にはほとんどこの種が使われている。

街でよく見るドバトは外来種

あるいは、「ドバト」も意外な外来種の一つと言えるだろう。こちらもおなじみの、街や公園でよく見かける種だ。「ハト」と聞いて真っ先に思い浮かべるハトだと思っていただいてまず間違いない。これも元は海外から入って来た種で、少なくとも江戸時代には確実に輸入されていたのだと言う。繁殖能力が非常に高いため、現在のように日本でも広く生息するようになったのだと考えられている。

ハトは首を振って歩いているわけではない

カラスやスズメと並んで、街中で見かけることの多いハト。観察していると前後に首を振りながら独特の歩き方をしていることに気付くのだが、実はこの歩き方、厳密には首を振っているわけではないということをご存じだろうか。

まず、ハトの目は横に付いているのだが、自分の目が横に付いた状態で、歩き回ってエサを探すことを想像していただきたい。おそらく、非常に探しにくいのではないだろうか。言うならば電車から見る風景のように、前進するたびに風景が後ろに流れていくという感じだ。これでは周りに注意を払いながら歩くことなど、不可能だと言って良いだろう。

そこでハトが編み出したのが、あの歩き方だ。まず首を前に出して、その首に引き寄せるように体を進める。また首を出して、体を引き寄せる……。これを繰り返すことで、極力視界を固定したままエサを探すことができるというわけだ。少し間抜けな歩き方に見えるかもしれないが、実はよく計算された動きなのである。

118

白鳥の意外と凶暴な一面

優雅に見える白鳥だが、実は意外と凶暴な一面を持っている。

白鳥というのは、警戒心が非常に強い生き物だ。特に繁殖期に入ると警戒心は非常に高くなり、平気で敵を威嚇したり噛みついたりするようになる。人間も例外ではなく、実際にバードウォッチャーが翼で殴られて骨折するという事故も起きているのだ。

さらに海外では、殴って気絶させられた人間がそのまま水中に押さえ込まれ、そのまま死亡したという事件も起きている。

綺麗な白鳥を見つけたからと言って、不用意に近づくのはやめておいた方が良さそうである。

ただし一応断っておくと、これはあくまで白鳥の一面に過ぎない。基本的にはおとなしい性格なので、こちら側もむやみに近づいたり敵対心をむき出しにしないようにしておけば安心だろう。

優雅な白鳥にも凶暴な一面がある

119

鳥のフンは、正確にはフンではない

公園や自家用車を汚し、私たちを悩ませることも多い鳥のフンだが、よく観察してみると面白いことがわかってくる。そもそも私たちが言う「鳥のフン」というのは、正確にはフンだけを指しているわけではない。鳥のフンにはよく見ると黒い部分と白い部分があるが、黒い部分はいわゆる「フン」で、白い部分は実は「尿」なのだ。鳥は放尿用の排出口を持っていないため、「総排出腔《そうはいしゅっこう》」という器官からフンと尿を一気に排泄するのである。

さらに面白いことに、鳥のフンは化石化して貴重な資源になることがある。例えばオセアニアのナウル共和国は、サンゴ礁の上に海鳥のフンが堆積してできた島だ。「グアノ」と呼ばれる堆積した海鳥のフンには、窒素やリンなど植物の生育を助ける成分が多分に含まれており、ナウル共和国はかつてこの「グアノ」を輸出し栄えていたという歴史もあるのである。

普通に暮らしていれば、ただ迷惑な存在だと思ってしまいがちな鳥のフンだが、「たかが鳥のフン」と侮れない一面もあるのだ。

120

ミミズクの「ミミ」は「耳」ではない

ミミズクはフクロウの仲間で、頭に「耳」のような角が付いているのが特徴の猛禽類だ。「ズク」というのは「フクロウ」を指す古い言葉なので、「ミミズク」は「耳」のついた「ズク（フクロウ）」という意味である。その見た目や名前の由来から考えてみても、ミミズクの角は「耳」の役割を果たしているように見える。しかし、実際は「耳」ではない。ミミズクの「耳」は、他の鳥類と同じように頭部の側面に空いた穴がその役割を果たしているのだ。

頭に付いているのは、耳ではない

「それならあの角は……？」と気になるところだが、これは「羽角《うかく》」と呼ばれており、どのように使われているかはまだ研究中でわかっていないのだという。葉に擬態したり、暗いところで仲間を識別したりできるように付いているという説が有力のようだが、なんとも不思議な生き物である。

121

蚊の主食は人間の血液ではない

夏には何かと悩まされることも多い、蚊。意外と知られていない事実だが、実は蚊の主食は人間の血液ではない。そもそも蚊はなぜ血液を吸うのかということを考えると、その理由は明らかである。

蚊が人間の血液を吸うのは、その栄養から卵巣を発達させ、卵を産むためだ。つまり人間の血液を吸うのはメスだけ、それも卵を産むためであるから、血液を主食として摂取しているとはとても言えないのである。

蚊が普段摂取しているのは、花の蜜や草の汁だ。そこから摂った糖分を、エネルギーに変えて生きている。

ちなみに蚊は人間だけでなく、犬や猫などの血液を吸うこともある。犬や猫が不快な思いをしてしまうのはもちろん、それが原因で病気になってしまうこともあるので、ペットを飼っている人は注意して見てあげると良いだろう。

122

残酷なアリ社会の掟

アリと言えば集団行動のイメージが強い。小さいながらも互いに協力し合うことで、賢く生き残っているという印象を持っている人は多いだろう。確かにそれはアリについて理解するうえで重要な一面だが、それゆえにアリの集団は互いを厳しく監視し合う監視社会でもある。ルールを破った者には厳しい処罰が待っているのだ。

まず、巣の中で卵を産むのは女王アリだけである。その他の働きアリの役割はすべてメスが担っており、この働きアリが卵を産むことは基本的にない。ところが、まれに卵を産んでしまう働きアリが出てくることがあるのだ。このとき他のメスたちは処罰として、その産卵を妨害したり、あるいは卵を破壊してしまうのである。

なかなかシビアな話だが、この処罰というのは嫉妬ではなく、あくまで自分たちが生き残っていくための術である。働きアリが産卵してしまうことで、そちらの方に無駄な労力がかかることを予防するという意味があるのだ。

123

芋に似ているから芋虫ではない

動物や昆虫の名前は、その見た目や特徴から付けられることも多い。特徴をよく捉えた親しみやすい名前は、私たちの生活にもなじみやすいものである。

そんな特徴的な名前の筆頭とも言えるのが、「芋虫」だ。しかし勘違いしている人も多いかもしれないが、芋虫は「見た目が芋にそっくりだから」という理由で「芋虫」と名付けられたわけではない。

そもそも「芋虫」とは、ケムシを除く蝶や蛾の幼虫全般を指す言葉だ。これらがなぜ「芋虫」と呼ばれているかというと、「イモ類の葉っぱを好んで食べるから」ということらしい。至極単純な理由に変わりはないが、意外にも見た目は関係なかったのである。

確かに言われてみれば、「芋虫」にはいろいろな種類が存在する。モンシロチョウの幼虫のような、それこそ「芋」っぽいものから、枝や蛇に見事に擬態するものまでさまざまなのだ。

見た目やイメージで判断してはいけないというのは、人間に限った話ではないようである。

124

蛍には方言がある⁉

蛍の特徴はなんといっても、自らのお尻を発光させることだ。これは主に仲間同士のコミュニケーションの手段だと考えられている。

我々人間からは夏の風物詩として親しまれているが、あなたは「どの蛍も光り方は似たようなもの」だと思っていないだろうか。

実は蛍の光り方には、いわば「方言」のようなものがある。西日本と東日本で、光り方の間隔が違うのだ。これは東西の気温の違いから生じた差だと言われているが、西日本の蛍は約2秒に1回、東日本の蛍は約4秒に1回の間隔で光るのである。

このように西と東で違った発光パターンを持った蛍がいるため、双方が集まると上手くコミュニケーションが取れないことがあるという。まさしく人間の「方言」のような話だ。

蛍はお尻を光らせてコミュニケーションをとる

イカの足は10本ではない

実際に数えてみてもわかるが、イカの「足」はどう数えても10本である。しかしイカの生態について詳しく知っていくと、それが間違いだと言うことが段々わかってくる。

長く伸びた２本が「触腕」と呼ばれる部位

イカの「足」とされているものの中に、２本だけ長いものがあることにお気付きだろうか。これは「触腕」と呼ばれる、獲物を捕らえるときに使われる部位だ。「触腕」……つまり腕。イカはこの長い腕を使って、獲物を捕らえているのである。イカの「足」のうち、10本中２本は腕なのだ。「足」は残りの８本、という計算になる。

また、「触腕」以外の「足」も、場合によっては「腕」と呼ばれることがある。これは物を掴むなど、どちらかというと「腕」のような使い方をしているためだ。ということは言い方次第では、イカの足は８本どころか０本だと言うことも可能ではあるのだ。

126

ピラニアは臆病者

あなたは、ピラニアに対してどのようなイメージをお持ちだろうか。「アマゾンに生息する、獰猛《どうもう》な肉食の魚」……おそらく多くの人はこのような連想をするだろう。しかし、ピラニアは意外にも臆病な魚だという風に考えられている。

例えば、たくさんのピラニアが泳ぐ水槽の中に人間が飛び込んだらどうなるか。一斉に襲い掛かって人間を食べつくしてしまう、などとつい考えてしまいがちだが、実際は全く逆だ。彼らは肉食ではあるが獰猛な性格ではないので、基本的には自分たちより大きな生き物には近寄らないのである。ピラニアは血の匂いに敏感なため、ケガをした動物に寄って行くことはあるが、それでも一瞬で食べつくされてしまうというようなことはまずありえない。

ちなみに「ピラニア」という名称だが、これは単に「アマゾンに住む肉食の淡水魚」の総称であり、特定の一種を指すものではない。日本でポピュラーなのは、ピラニア・ナッテリーという種である。

死海にも生き物は生息している

ヨルダンとイスラエルの国境に位置する「死海」。名前に「海」と付いているが、実際はヨルダン川から流れ込んだ水が溜まってできた塩湖である。水が流れ出る川がなく、塩分を残したまま水が蒸発していくため、非常に塩分濃度が高い湖になっている。「体が簡単にプカプカ浮かぶ、不思議な湖」としてテレビなどで紹介されているのを見たことがある人も多いだろう。

その塩分濃度の高さから、とても生き物が暮らしていける環境ではないとして「死海」と名付けられたこの湖だが、実は1941年にある生き物が発見されていたということをご存じだろうか。発見されたのは、「ドナリエラ」という藻類の植物。厳しい環境で生きていくための進化だろうか、ニンジンなどに多く含まれるベータカロチンをバリアにすることで死海でも生きていけるという、不思議な植物だ。

この不思議な特性から、「ドナリエラ」は美容や医療業界でも注目されている。もしかしたら、気付かないうちにお世話になっているという人も多いのではないだろうか。

第5章

言葉の誤解

128

「おあとがよろしいようで」の意味とは？

落語の演目の最後にオチがついたとき、落語家が「おあとがよろしいようで」と言うことがある。締めくくりの合図として言われる言葉だが、決して「うまいこと言ったでしょう?」と得意げになっているわけではない。「おあと」とは、「後に控えている出演者」のこと。つまり「後の人の準備が整ったようですから、私は高座を下りますね」という意味なのだ。また、「次の出演者はもっと良いようですよ」という謙遜も込められている。

落語の寄席では何人もの落語家が出演するが、進行の都合でどうしても持ち時間が削られてしまうことがある。そこで、自分のネタを短くする必要があるが、話の途中であっても「ちょうど時間となりました」「おあとがよろしいようで」と切ることになるのだ。逆に、次の出演者が時間に間に合わず、場をつなげなければいけないときは、準備ができるまで落語を続け、合図が出たら「おあとがよろしいようで」と言って交代する。「おあと」につなげるための時間調整も、落語家の腕の見せ所なのだ。

129

「メタボリック＝肥満」という意味ではない

日本でもすっかりおなじみになった「メタボリックシンドローム（内臓脂肪型肥満）」。2006年には「メタボ」が「新語・流行語大賞」のトップ10入りを果たし、俗に「太ってしまうこと」「太っている人」のことまでもまとめて「メタボ」と呼ぶようになった。

そういった背景もあってか、どうやら「メタボリック」という言葉が「肥満」や「脂肪」という意味を指す言葉だと勘違いしている人も多いが、これは勘違いである。「メタボリックシンドローム」とは、日本語に訳すと「代謝症候群」という意味だ。これは代謝の悪さが引き起こす内臓脂肪型の肥満、高血糖、高血圧、脂質異常症のうち、2つ以上の症状が同時に発生している状態を指す言葉である。

つまり「メタボリック」という単語には、「代謝の」という意味しかないのである。もはや俗語として定着したという感じもあるが、厳密に正しい言葉を使いたいという人は気を付けると良いだろう。

130

パンケーキのパンはフライパンのパン

若い女性に人気のスイーツ「パンケーキ」。パンのようにふわふわとした食感に由来するのかと思いきや、実はそうではない。フライパンなどのような平鍋を英語で「pan《パン》」といい、フライパンで簡単に作れることから名前がついたもので、「食パン」の「パン」とは違う。

こうした英語に関する誤解は多い。「ショートケーキ」は「短いケーキ」というわけではない。「short《ショート》」はショートニング（植物油脂）に由来するという説がある。「フリーマーケット」は「自由な市場」ではなく、「蚤《のみ》の市」と言うとおり、英語で「flea《フリー》」は虫のノミを意味する。ちなみに語源は「ノミのように人が群がること」や「ノミの湧いた古着が売られていた」など諸説ある。ホテルの「スイートルーム」は「甘い部屋」ではなく、居間と寝室が「一続き（suite《スイート》）」になった部屋を指す。野球の「コールドゲーム」は「寒い試合」ではなく、審判員によって試合終了が「宣言された（called《コールド》）」ゲームを指す。

こうした誤解を防ぐためにも、英語を学ぶことは大事なのかもしれない。

131

「ブービー賞」は最下位の人への賞だった

ゴルフやボウリングなどの大会で、最下位から2番目に贈られる「ブービー賞」。実は日本以外では最下位の人に与えられるというのはご存じだろうか。

「booby《ブービー》」は英語でずばり「馬鹿」という意味で、最下位の人をジョークで表彰したのが始まりである。欧米では些細《ささい》なものを渡しているようだが、日本では悪ノリでどんどん賞品が豪華になっていった。するると今度は、豪華なブービー賞を目当てにわざと最下位を狙おうとする人が現れ始めた。そのため、下から2番目をブービー賞として狙いにくくしたのだ。

ちなみに、日本のブービー賞の景品といえば米や肉など少し豪華なものだが、英語圏で定番なのは木のスプーンである。現在でもスポーツなどさまざまな場面でブービー賞として木のスプーンを贈る習慣があるようだ。

数学試験の合格者のうち最下位だったため、木のスプーンを贈呈されたケンブリッジ学生

132

夏目漱石と「アイラブユー」の関係

夏目漱石が英語教師をしていた際の有名なエピソードとして、こんなものがある。生徒たちに「I love you.」という文をどう訳すかと投げかけ、生徒たちは「我、汝《なんじ》を愛す」などという訳をひねり出したが、漱石は「お前らそれでも日本人か?」と怒った。そして「『月が綺麗ですね』とでも訳しておけ。日本人ならそれで通じる」と言い放った、というものだ。

さすが文豪だと思わせるような逸話だが、これはのちの作り話である可能性が極めて高い。というのも、現在判明している情報では、最も古いものでも1970年代後半の資料しか見つかっていない。当時から有名な話ならばもっと古い資料が見つかっても良いはずだが、漱石の死後60年以上経って初めてこの逸話が文章化されるというのはおかしな話なのだ。

ただし、漱石は自身の思索や苦悩を数々のノートに書き記しており、その中に「I love you ハ日本ニナキ formula(決まり文句)ナリ」という一節がある。漱石が英語の「I love you」について、日本語にはない何かを感じ取っていたというのは確かだろう。

133

二葉亭四迷と「アイラブユー」の関係

二葉《ふたば》亭《てい》四迷《しめい》にも、漱石と似たような話がある。漱石が「I love you」を「月が綺麗ですね」と訳したのに対して、四迷はこれを「死んでもいいわ」と訳したというものである。素敵な訳かもしれないが、これは明確に誤りだと判明している。

確かに、四迷はロシアの作家・ツルゲーネフの『片恋』という小説を翻訳した際に、「死んでも可《い》いわ…」というセリフを使っている。その「死んでも可いわ…」はロシア語の原文でどうなっているかというと、「Ваша《ヴァーシャ》…」という1単語である。これを英語に訳すと「yours…」となり、要するに「(私は)あなたのものよ」と言っているのだ。名訳には違いないが、「I love you」を訳したというのはウソである。

ドラマ『3年B組金八先生』の金八先生のセリフから広まった話だとされるが、おそらく夏目漱石の伝説と混ざって伝わってしまったのだろう。

二葉亭四迷

「Hな色＝ピンク」は世界共通ではない

日本人に「Hな色といえば何色?」と質問したら、多くの人がピンクと答えることだろう。Hな映画を指す「ピンク映画」という言葉があるように、ピンクは火照った肌を連想させ、卑猥なイメージを抱かせる。しかし、このイメージは全世界共通ではなく、国によって異なる。

由来は定かではないものの、アメリカなどの英語圏ではポルノ映画のことを「blue film」、下ネタのことを「blue joke」と呼ぶ。また、かつては日本でも非合法のポルノ映画を「ブルーフィルム」と呼んでいた。中国ではポルノ映画を「黄色電影《ホアンスーディィエンイン》」というのだが、かつて黄色は皇帝だけが身に着けることを許された色であり、高貴な意味と低俗な意味を併せ持っている。

イタリアではポルノ映画のことを「赤い光の映画」という意味の「film《フィルム》 a《ア》 luci《ルーチ》 rosse《ロッセ》」というが、イタリアらしく情熱的な色が選ばれている。スペインでは、緑色を意味する「verde《ヴェルデ》」が、「青葉のように若々しい」という意味から転じて「いやらしい」という意味にもなっている。あろうことか、これでゴレンジャーの色が揃ってしまった。

135

「神は乗り越えられる試練しか・・・」の意味

「神は乗り越えられる試練しか与えない」という言葉は、苦難に遭う人々を勇気づける言葉として有名だろう。しかしこのフレーズは、本来の意味とは少し異なるのだ。

このフレーズの元ネタは新約聖書の「コリント人への第一の手紙」という部分だ。新約聖書はギリシャ語で書かれている。「試練」はギリシャ語で「ペイラスモス」というが、これは「試練」と「誘惑」という2つの意味を持ち、ここでは「誘惑」と解釈できるのである。

ここでは、神に従わなかった人々が滅ぼされたことを教え、信仰を妨げる不道徳な行い（＝悪）をしないように警告している。そして、例のフレーズは「（悪への）誘惑は人間によく起きることです。神はあなたがたを耐えられないような誘惑にあわせることはなく、誘惑を受けたときは耐えられるように逃れる道も備えてくださいます」という意味に捉えることができる。つまり「試練」とは「誘惑に耐えるための試練」なのである。

辛い状況を乗り越えるための励ましの言葉として独り歩きしているフレーズだが、もう少し気楽に考えても良いのかもしれない。

136

「ざんぎり頭を～」には前の部分があった

「ざんぎり頭をたたいてみれば、文明開化の音がする」という、明治の文明開化を象徴する流行り歌がある。歴史の教科書にも載っている歌だが、これは一部分にすぎない。

全文はこうだ。「半髪《はんぱつ》頭をたたいてみれば、因循姑息《いんじゅんこそく》の音がする。総髪《そうはつ》頭をたたいてみれば、王政復古の音がする。ざんぎり頭をたたいてみれば、文明開化の音がする」。半髪はちょんまげ、総髪は坂本龍馬の写真のようなオールバック、ざんぎり頭は短く刈り込んだ髪型を指す。

つまり、この歌は「ちょんまげ頭の人は古いしきたりに固執している人。総髪はちょんまげよりマシだがまだ古い。ざんぎり頭の人こそ時代の流れに乗れている人だ」という意味になる。

この歌は、1871（明治4）年に政府が出した散髪脱刀令と同時期に流行したもの。法令は「散髪したければ勝手にしてもいい」という内容で、当時の人々は続々と断髪し始めた。しかし、女性まで断髪し始めると「それはけしからん」と世間の反発が強まり、翌年に女子断髪禁止令が出されてしまったのである。今であれば考えられない話だろう

137

「匹」で済ませたくない動物の数え方

動物にはいろいろな数え方があるが、その正しい使い分けができるだろうか。

例えば、魚は泳いでいるときは「1匹」だが、水揚げされて食材になると「1尾《び》」と数える。大きい魚や細長い魚は「1本」、平たい魚は「1枚」と数える。さらに、魚の頭と背骨を落とした半身は「1丁」、刺身を切り分ける前の身は「1冊《さく》」、刺身になると「1切れ」と変わる。

イカも泳いでいるときは「1匹」だが、釣り上げられると「1杯」と数える。これはイカの胴体を逆さにすると徳利《とっくり》のようになることに由来する。タコやカニも同様に「杯」で数える。

陸に上がると、たいていの動物は「匹」か「頭」で数える。小さいものは「匹」、大きいものは「頭」という認識はおおむね正しい。しかし小さい昆虫も、学術的な表記では「頭」で数えることがある。鳥は基本的に「1羽」と数えるが、ウサギも鳥に見立てられたことから同じように「1羽」と数えることに注意したい。

時と場合によっては変わることもあるが、正式な数え方を知っておいて損はないだろう。

138

スルメとアタリメは、まったく同じ意味

全く同じ意味を持つ二つの言葉を、違う意味だと勘違いしてしまっているというケースがある。例えば、「スルメ」と「アタリメ」である。イカを乾燥させて作った乾き物で、酒のおつまみとして好まれている食品だ。二通りの呼び名があることから、製造方法や使われているイカの種類に違いがあるのかと思ってしまいがちだが、実はどちらも全く同じものを指している。もともとイカの乾き物は「スルメ」と呼ばれていたが、商人たちの間で「スル＝損をする」という響きの縁起が悪いとされ、「スル」の逆＝アタリという言葉が使われ始めたというだけの話なのだ。

「ラーメン」と「中華そば」も、全く同じ意味である。「中華そば」はもともと日本のそばと小麦麺のそばを区別するために生まれた言葉だったが、「チキンラーメン」が登場してからは一般的に「小麦麺のそば＝ラーメン」と呼ばれるようになったのだ。なお現在、飲食店では基本的に醤油ベースのシンプルなラーメンを「中華そば」と呼ぶ傾向にあるようだ。

139

天気や気象に関する言葉の誤解

日本語には天気や気象を表す細かい言葉が多い。四季に恵まれた日本ならではの豊かな表現は日本語の魅力の一つだが、間違って覚えられているものも少なくない。

「雨模様」はその代表例だ。「雨模様」は雨が降ったり止《や》んだりしている様子を表すのではなく、今にも雨が降りそうな状態を指す。「模様」は、「そうなる気配がする」といった意味の「催《もよ》い」という言葉が変化したものだ。

「小春日和」も誤用の多い言葉だが、これは春に使われる言葉ではない。「小春」は旧暦10月、すなわち今でいう10月下旬から12月上旬頃を指す。そのため、「小春日和」は、その時期の春のような穏やかな晴天を指す。ちなみに「春日和」は、春の晴天を指す言葉だ。

「五月《さつき》晴れ」も同じような誤解が多い。この「五月」は新暦ではなくやはり旧暦で、旧暦5月は今でいう5月下旬から7月上旬なので、ちょうど梅雨《つゆ》の時期だ。そのため「五月晴れ」は、梅雨の晴れ間を指す。また、梅雨のことを「五月雨《さみだれ》」というのも、同じ理由である。

140

日本以外でも天気雨に別の呼び方がある

日本では、晴れているのに雨が降ることを「狐の嫁入りだ」と言うことがある。昔から不思議な力を持っていると考えられてきた狐のイメージになぞらえて、珍しい空模様をこう呼んでいるようだ。その土地によって微妙に解釈の違いはあるものの、特に年配の方からそういった言い回しを聞いたことがあるという人も多いのではないだろうか。

このように「お天気雨」に別の呼び名を付けるという文化は、実は海外にも存在している。マレーシアやイギリスの南西部では日本と同じく「狐が結婚する」という言い方がある。少し変わった表現ではロシアの「キノコ雨」というものがあるのだが、これは日光の温かさと雨の湿気でキノコがよく育ちそうだから、ということのようだ。

他にもハンガリーの「悪魔の結婚式」やイギリスの「サルの誕生日」など、その土地独自の呼び方は多数存在する。「お天気雨」の、不思議でどこか神秘的なイメージは世界中で広く共有されているようだ。

141

「瓦」は日本語ではなくサンスクリット語

瓦	カパーラ（梵語） 意味：頭蓋骨
ジャングル	ジャンガラ（梵語） 意味：不毛な地、砂漠
アバター	アヴァターラ（梵語） 意味：神仏の化身
金平糖《こんぺいとう》	コンフェイト（ポルトガル語） 意味：砂糖菓子
セイウチ	シヴーチ（ロシア語） 意味：トド
シシャモ	ススハム（アイヌ語） 意味：柳の葉
ロボット	ロボータ（チェコ語） 意味：強制労働
チェックメイト	シャーマート（ペルシャ語） 意味：王は死んだ
パジャマ	パーイジャーマ（ペルシャ語） 意味：脚の服（ズボン）
タピオカ	ティピオカ（トゥピ語） 意味：しぼりかす

日本語に外来語はたくさんあるが、語源を調べると意外な言語に由来するものもある。

「カルタ」や「ジョウロ」はポルトガル語、「旦那《だんな》」や「奈落《ならく》」などの仏教関係の言葉は、サンスクリット（梵語）由来のものが多い。「イクラ」や「カンパ」などは日本語のようにも思われるが、これらはロシア語に由来する。

あくまで一説に過ぎないものもあるが、あまりなじみのない言語のものまで日本語に浸透しているのは事実だ。

142

英語になっている意外な日本語

スシ、フジヤマ、サムライ、ニンジャ……外国人でも知っている日本語は多いが、意外な日本語が英語に取り入れられていることもある。

日本人特有の文化や価値観は、英語へ借用されやすい。「Mottainai（もったいない）」は有名だが、「Yamato-damashii（大和魂）」「Honne and tatemae（本音と建前）」といったものもある。「Kaizen（改善）」は、業務の無駄を省いて効率化を図ったトヨタの試みから英語圏にも広まった。一方で、中には「Karoshi（過労死）」「Zangyo（残業）」「Hikikomori（ひきこもり）」といった不名誉なものまである。

オタク文化の影響で「Manga（漫画）」はもちろん「Otaku（オタク）」「Kawaii（かわいい）」「Bishoujo（美少女）」といった言葉も英語になっている。「Senpai（先輩）」という単語は、少女漫画の影響なのか、英語では「自分の気持ちに気付いてくれない人」という意味になっている。

日本文化が世界に浸透するにつれ、日本語から英語への借用語は今後も増えていくだろう。

143

英語では意味の異なる和製英語

英語だと思っている単語でも、日本人が勝手に作った和製英語だということは多々ある。ここでは、英語であっても日本では使われている意味が違う単語を紹介しよう。

「talent《タレント》」は英語で「才能のある人」という意味になるため、日本でいうタレントは「TV personality《ティーヴィー パーソナリティ》」と言うのが普通だ。「cunning《カンニング》」は「ずる賢さ」を意味するため、英語では「cheating《チーティング》」と言う。「claim《クレーム》」は「主張」「請求」という意味になるので、苦情という意味なら「complaint《コンプレイント》」がふさわしい。「reform《リフォーム》」は政治や社会などの「改善」「改革」を指し、家の改築には「renovation《リノヴェーション》」を使う。英語圏のお店で「cider《サイダー》」を注文したら、リンゴジュースかリンゴ酒が出されてしまうだろう。ラムネのような炭酸飲料は「soda pop《ソーダ ポップ》」と言う。また、素直で純真という意味で「君はナイーブだね」などと言うことはあるが、「naive」は「世間知らずで無知な」という軽蔑的な意味の言葉なので、「innocent《イノセント》」などを使うべきだ。

すっかり日本語になじんでいるが、これらは基本的に外国人には通じないので注意したい。

144

「突然のにわか雨」という言葉は間違い

「突然のにわか雨にご注意ください」という言葉のどこが間違いか、あなたは気付けるだろうか。にわか雨は突然降るものなので、意味が重複している。「突然の雨」や「にわか雨」で十分だ。

ほかにも、「頭痛が痛い」などのように同じ表現が2回繰り返される言葉があるが、これを「二重表現」や「重言」という。「犯罪を犯す」「被害を被る」「収入が入る」のように、漢字で書けば二重表現に気付くようなものもあるが、中にはよく考えないと見抜けないものもある。

「まず最初」「一番最後」はつい使いがちな二重表現だ。「突然卒倒する」はにわか雨と同じく、卒倒は突然倒れることである。「満天の星空」は「天」と「空」が重複しているので、「満天（空に満ちている）の星」が正しい。「ダントツ一位」は、「ダントツ」で「断然トップ」の略なので、「一位」とかぶっている。「過信しすぎる」も、「過」と「すぎる」が同じ意味なので、「過信する」「信じすぎる」が正しい。「余分な贅肉《ぜいにく》」も、「贅」に余分なものという意味がある。

145

「マグカップ」という言葉は二重表現

馴染みのある「マグカップ」という単語だが、実は「マグ」だけで取っ手の付いた大きいコップを意味するので、マグカップは和製英語である。日本語ならまだしも、このように外国語が交じるとそもそも二重表現だということに気付けないこともある。

よく例に挙げられるのが「排気ガス」だ。「気」にガスという意味があるので、「排気」か「排ガス」で良い。「チゲ鍋」の「チゲ」は朝鮮語で鍋料理を意味するので、「チゲ」で十分だ。「ハングル文字」の「グル」も文字という意味なので「ハングル」が正しい。外来語と外来語が混ざると余計にややこしくなる。「フラダンス」の「フラ」はハワイ語でダンスという意味だ。「サルサソース」の「サルサ」もスペイン語でソースを意味する。

地形の例もある。「サハラ」はアラビア語で、「ゴビ」はモンゴル語で砂漠を意味するため、「サハラ砂漠」「ゴビ砂漠」は「砂漠砂漠」だ。「メコン」「ナイル」「ガンジス」などは語源をたどるとすべて川という意味合いが含まれる、後ろに「川」をつけると重複してしまうのだ。

146

意外なところで区切る言葉

区切る位置を間違えて使ってしまいがちな言葉がある。代表的なものはアフリカの最高峰「キリマ・ンジャロ」だろう。キリマは山、ンジャロは輝くという意味のスワヒリ語だ。また、ハワイ王国を建てた「カ・メハメハ」1世は、孤独な人という意味の名前である。マレーシアの首都は「クアラ・ルンプール」、シベリア鉄道の東の終点は「ウラジ・オストク」、と区切る。エジプトのツタンカーメンに至っては「トゥト・アンク・アメン」と区切れ、表記もだいぶ違う。

人名や地名以外でもこうした例はある。「ヘリコプター」は普通「ヘリ」と略すが、ヘリコは螺旋、プターは翼を意味するので「ヘリコ・プター」。伴奏なしで歌うのは「ア・カペラ」、フランスの国旗は「トリ・コロール」、オペラの主役女性歌手は「プリマ・ドンナ」だ。

日本語でも同じような例がある。「綺羅《きら》・星《ほし》の如く」「間《かん》・髪《はつ》を容《い》れず」「登・竜門」「五里霧・中」「張本・人」「無・礼講」などがそれだが、知らないと違和感を覚えるかもしれない。

147

「ピアノ」は何の略？

我々の身の回りは略語であふれているが、そもそも略語だと知られていないものもある。

例えば身近なところでは、「ボールペン」は「ボールポイントペン」の略である。「メモ」は覚え書きを意味する「メモランダム」を略したものだ。カラオケで使う「マイク」は「マイクロフォン」の略。タイヤの「パンク」は穴を開けることを意味する「パンクチュア」の略だ。デマを流すというときの「デマ」は英語の「デマゴギー」の略で、古代ギリシャで民衆を煽った指導者を指す「デマゴーゴス」に由来するが、ウソの話という意味合いは含まれていない。電気回路がショートするというときの「ショート」は「ショートサーキット」の略。プレハブ小屋の「プレハブ」は、前もって製造することを意味する「プレファブリケーション」の略だ。楽器の「ピアノ」は「強弱をつけられる大型チェンバロ」という意味のイタリア語「グラヴィチェンバロ・コル・ピアノ・エ・フォルテ」を略したものである。

さまざまなものの語源を調べると案外面白い。他にも探してはいかがだろうか。

148

全く意味が違う日常の中の仏教用語

日本人にとって仏教はなじみ深い宗教だが、仏教用語が普段の日本語に取り入れられていることがある。そして本来の意味が、現在使われる意味とは全く異なることが多いのだ。

中国禅宗の祖である達磨大師《だるまだいし》が4人の弟子の修行を「我が皮を得たり。我が肉を得たり。我が骨を得たり。我が髄を得たり」と評した。ここから「皮や肉は、骨髄より中心から遠い」という解釈が生まれ、やがて遠回しな嫌味を「皮肉」と言うようになった。

このほかにも多くの例がある。「玄関」はもともと「奥深い仏の道への関門」という意味で、お寺の入り口を指した。「邪魔」は修行の妨げとなる悪魔のことである。「我慢」はもともと自分を偉いと思って他人を侮《あなど》ることを指した。「退屈」は修行の厳しさに屈して挫折するという意味だったが、暇で飽き飽きするという意味に変化した。「覚悟」とは文字通り、真理を悟ることだ。「挨拶《あいさつ》」の挨は押す、拶は迫るという意味で、禅宗で互いに問答を交わして相手の悟りの深さを測ったことに由来する。身近なところにも仏教の教えが潜んでいるのだ。

149

実は商標登録されている言葉

登録商標とは、特許庁に登録された商品のロゴや名前（商標）のことで、登録した商標は出願者が独占的に使用できる。普段何気なく使っている言葉が登録商標となっているケースもあり、モノの名称だと思っていたら実は特定の会社の商品名だった、なんてこともある。

例えば「プチプチ」は川上産業、「コロコロ」はニトムズ、「ウォシュレット」はTOTO、「セロテープ」はニチバン、「万歩計」は山佐時計計器の登録商標である。一般名詞のようだが、他の企業はこれらの商標を使えないので、別の名前を使っている。

モノの名前以外にも、こんな言葉まで商標登録されている——「女子高生」は伊藤ハム、「女子力」は味の素など、「推しメン」は日清食品、「コスプレ」はD4エンタープライズ、「美魔女」は光文社、「富士山」は日本製粉、「変身」はバンダイ、「元気ですか」「1・2・3・ダァーッ」はコーラルゼットの登録商標である。ただし、企業が指定した範囲の外であれば自由に使うことができるので、例えば「女子高生」を食品関係以外に使うのは問題ない。

150

漢字の書き順に必ずしも正解はない

小学校で漢字を習ったとき、「正しい書き順で書きなさい」と教わった覚えがあるだろう。大人になって正しい書き順で書けていないと、恥ずかしい思いをすることがあるかもしれない。しかし、そもそも教科書に載っている書き順はどのように決まったのだろうか。

1958年に当時の文部省から発表された『筆順指導の手びき』には、漢字を教えるときの書き順が定められていた。しかし、強制力があるものではなかったので、発表当時は浸透しなかった。そのため、昔ながらの書道の書き順で教えていたり、地域や先生ごとに教える書き順が違ったりしたそうだ。平成になってようやく教育現場に浸透し、現在は『筆順指導の手びき』どおりに教えられるようになったのである。

だが、その『筆順指導の手びき』にはこのように書かれている。

「本書に示される筆順は、学習指導上に混乱を来さないようにとの配慮から定められたものであって、そのことは、ここに取り上げなかった筆順についても、これを誤りとするものでもなく、また否定しようとするものでもない。」

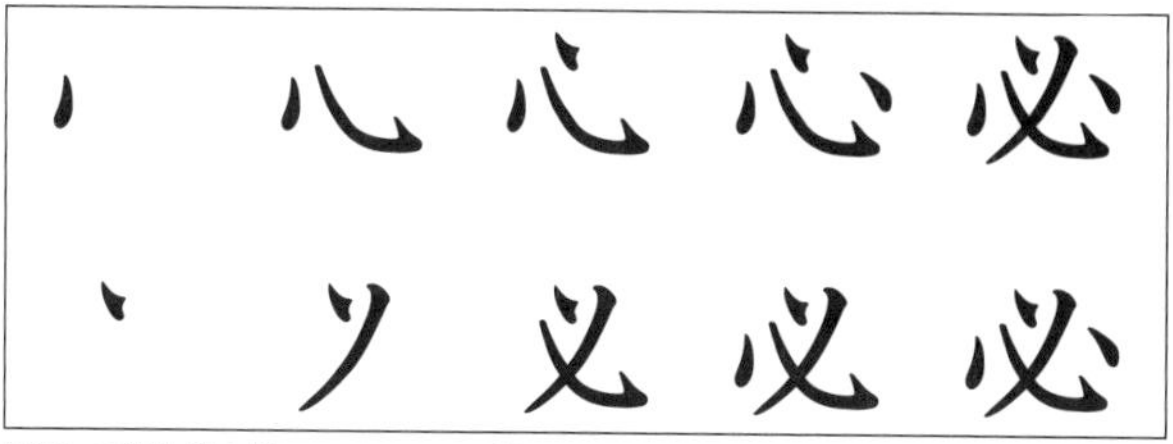

「必」の書き順の違い。かつては「心にタスキをかける」といって上のような書き順で教えられたこともあったが、これでは真ん中の点を文字の中心に置くことが難しい。そのため、現在では整った字を書きやすいよう、下のような書き順で教えられている。

要するに、そこに書かれたものだけが正解ではなく、他の書き順でも間違いではないということだ。それなら、『筆順指導の手びき』の目的とは何だったのだろうか。その中には「教育における漢字指導の能率を高め、児童生徒が混乱なく漢字を習得するのに便ならしめるため」とある。つまり、先生が教えやすく子どもも覚えやすくするために作成されたものなのである。

『筆順指導の手びき』には「上から下へ」「左から右へ」という2つの大原則のほか、「左払いがさき」「つらぬく縦画は最後」などいくつかの書き順の原則が書かれている。このとおりに書くことで、より簡単に整った字を書くことができるのだ。

また、書き順は綺麗な字を素早く書けるようにするために工夫されたものでもある。正しい書き順といったものが必ずしも存在しないとしても、『筆順指導の手びき』をお手本として覚えておいて損はないはずだ。

151

「人」という漢字の成り立ちのウソ

「人という字は人と人とが支え合って初めて人になる」というと、名作ドラマ『3年B組金八先生』が思い浮かぶだろう。かなり有名な話だが、漢字の成り立ちを考えると正しくない。

「人」という漢字の成り立ちは、人を横から見た姿だ。腕を垂らして猫背で立っているように見えて、だらしないような気もする。つまり、結局人は一人で立っているということになる。

金八先生は他にも「歩という漢字は少し止まると書く」と言ったこともあるが、「歩」は右足と左足の足跡を縦に並べた漢字だ。

また、「武という漢字は大きな刀を持っている人を懸命に止めている字」と説明していたこともあるのだが、確かに「戈《ほこ》」と「止」に分けて「戈を止める、つまり戦いを止めることを武という」という説も信じられている。しかしやはり、「歩」の上部分と同様に「止」は足跡を表すため、「戈を持って戦いに行く」という意味になる。

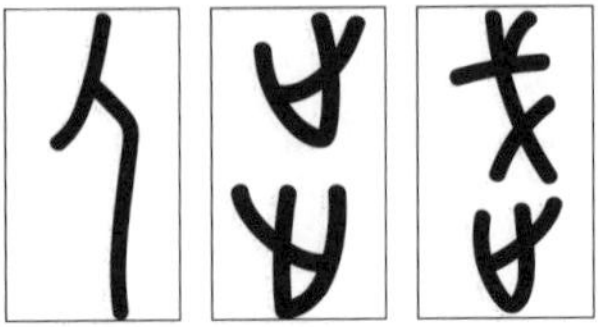

左から「人」「歩」「武」の成り立ち

152

「柿（かき）」と「柿（こけら）」は違う漢字

新たに建てられた劇場で初めて行われる催しのことを「こけら落とし」と言うことがある。この「こけら」とは、材木を削ったときに出る屑《くず》のことで、工事の最後に屋根の削り屑を払い落としたことから「こけら落とし」という言葉が生まれた。ところで、この「こけら」を漢字で書くと「柿」となる。これは果物の「柿《かき》」と同じ字のように見えるが、全く別の字である。

「柿《かき》」は音読みで「シ」、「柿《こけら》」は音読みで「ハイ」と読む。ここで、両方の文字をよく見てみよう。「かき」のほうは右側の「亠」と「巾」の間に隙間があるのがわかるだろうか。「かき」の右側は市町村の「市《シ》」で、上に「亠」、下に「巾」を書く。対して「こけら」の右側は膝掛けを意味する「市《フツ》」という字で、「一」を書いてから「巾」を突き抜けて書く。わかりにくいが、一応このようにして区別されている。

ちなみに「こけら」のほうと同じ音読みを持つ「肺《ハイ》」も、もともとは右側が「市《フツ》」だったが、いつの間にか「市《シ》」に置き換わったものである。

柿　柿

左が「かき」で、右が「こけら」

左から「つき」「にくづき」「ふなづき」。かつてはこのように区別されていたが、現在はほとんど区別されず、真ん中のように横棒をくっつけて書かれる。

153

「服」の部首は「にくづき」ではない

「胸」「腹」「脚」など、体を表す漢字につく「月」という部首。これは「にくづき」という。しかし、「服」の部首は「にくづき」ではなく「つきへん」という部首だ。なぜ形が同じなのに、このように呼び分けるのだろうか。

「つきへん」の由来は夜空に輝く「月」であり、「月」という漢字は欠けた月の形に由来する。一方、「にくづき」の由来は「肉」という漢字だ。形こそ同じだが、成り立ちは別々なのだ。

では、「服」はなぜ月なのかと疑問に思った人もいるかもしれない。「服」という漢字はもともと「舟の両側に取り付ける添え板」という意味だった。「服」の左側の「月」は「舟」という漢字が変形してできたものなので、部首としての名前ではないが俗に「ふなづき」と呼ばれる。これもまた別の成り立ちを持っているのだ。

154

「服部」は「服（はっ）部（とり）」ではない

日本人の名字に「服部《はっとり》」というものがある。フィクションなどで忍者の代表格として知られる服部半蔵や、料理評論家の服部幸應《ゆきお》などが有名だ。しかし、この名字は「服《はっ》」と「部《とり》」に読み方を分けられると思いきや、由来を考えると正しくないのだ。

服部の由来は「機織《はたお》り」に由来する。大化の改新以前、大和朝廷の直属で働いていた職人たちがいた。さまざまな職業があったが、その中に、機織りに従事した「服部《はとりべ》」という集団がいた。「はとり」は「機織り」の略である。

そこから「服部」という名字が生まれたというが、もうお気付きだろうか。「服部」は「服部《はっとり》」で、「部」の部分は読まないのだ。読みでは「べ」が抜け落ちたのに「部」という漢字だけが残ったので、紛らわしい読み方になってしまった。

ところで、「部田《とりた》」「部谷《とりや》」「左部《さとり》」といった名字も存在するようだが、まさしくこれは「服部はハットリだから部はトリと読むだろう」という誤解から生まれてしまった名字なのである。

155

パラオは日本語を公用語として定めている

日本には、公用語がない。もちろん日本に住むほとんどの人が日本語を使っているわけで、事実上、日本の公用語は日本語ということになっている。しかしそれはあくまで「事実上」というだけで、実際に法律でそう定められているわけではないのである。

そんな日本語を、世界で唯一公用語に定めている地域があるのをご存じだろうか。オーストラリアの北側に位置する、パラオ共和国のアンガウル州である。

時は第一次世界大戦後にまで遡る。当時、戦勝国だった日本はドイツに代わり、委任統治領としてパラオを統治することになった。統治は第二次世界大戦時、ポツダム宣言受諾に伴う日本の降伏により終了したが、アンガウル州は日本が統治していた時代の名残として、現在も日本語を公用語として定めているのだ。

ちなみにこのアンガウル州だが、面積は8平方キロメートル、人口は130人ほどの非常に小さな地域であり、現在州の中で日本語を喋れる人はひとりもいないという。

第6章
スポーツ・エンタメの誤解

156

本当は怖いサッカーの起源

サッカーの起源には、いくつか説がある。中でも、平和なスポーツのイメージと最もかけ離れているのが、「中世イングランド説」だ。

時は8世紀ごろ、イングランドでは戦争に勝つと敵将の首を切り取り、勝利の証としてその首を蹴って遊ぶという風習があったという。その風習が徐々に「フットボール」へと変化していくのだが、最初のうちはルールも整備されておらず、大勢で一つのボールを奪い合って目的地を目指すというゲームだった。多くの死傷者が出たため、禁止令が出されることもしばしばだったそうだ。昔の話とはいえ、なんとも危険な遊びである。

ちなみにサッカーの起源に関する他の説としては、中国の伝統文化である「蹴鞠《しゅうきく》」（日本に伝来した際には「けまり」と呼ばれていた）を起源と考える「中国説」と、イタリアで伝統的に行われていたボール遊びである「カルチョ」を起源と考える「イタリア説」がある。特にイタリア人は、この「カルチョ」がサッカーの起源だと信じている人が多いようだ。

157

ハットトリックはサッカー以外にも使われる

一般的にハットトリックといえば、サッカーで1人の選手が1試合に3得点以上をあげることを指す言葉だ。どうしてもサッカーのイメージがあるため、サッカー用語でしかないと思っている人も多いだろうが、実は「ハットトリック」は他の競技でも使われる言葉だということをご存じだろうか。

もともと最初にこの言葉が使われだしたのが、「クリケット」という競技。イングランドの国技で、野球の原型ともいわれるスポーツだ。一つの回の中で、3球で3人の打者をアウトにすることをハットトリックと呼んでいた。諸説あるが、クリケットにおけるハットトリックは非常に難しく、達成した選手には帽子が贈られていたことが語源だという説が有力とされている。これが他の競技に広まっていったということで、サッカーはもちろん、アイスホッケーやラグビー、ダーツなどさまざまな競技で「ハットトリック」という言葉が使われるようになったというわけだ。

158

イエロー・レッドカードの意外な使われ方

イエローカードやレッドカードは、実はサッカー以外にも使われている。ラグビーやバレーボール、意外なところではＫ‐１の競技だ。確かにサッカーに比べてカードが出ることは少ないが、悪質な違反があったときに提示されるという点では同じである。

またイエローやレッドに加えて、珍しいカードが導入されている競技も存在する。例えばバドミントンのブラックカードだ。明らかな遅延行為やマナー違反に対してはイエローカード（警告）やレッドカード（相手に得点が入る）が用いられるが、それよりさらに悪質な行為の場合にはブラックカードが出され、選手は失格、即退場となってしまう。

他にはイエローカード以前の警告として「ゼブラカード」というものが日本ラグビーで試験的に導入されていたこともあったが、こちらは運用が終了されている。

ゼブラカード

159

ランニングマシンは刑罰の道具だった

いまでこそ健康器具として当たり前になっているランニングマシンだが、元々は囚人に刑罰を与えるための器具だったということをご存じだろうか。

開発されたのは19世紀イギリス。「ランニングマシン」は和製英語であり、英語では「トレッドミル＝踏み車」と呼ばれていた。その名前が示す通り、当時のトレッドミルは複数の囚人が大きな車輪のようなものを踏んで回すというものだった。発生したエネルギーは風車の動力などに使われており、この労働は1日6時間も行われていたとされる。

ところが1898年、あまりに過酷だという声が上がり、トレッドミルはイギリスで廃止に追いやられた。

そして1954年。このトレッドミルにヒントを得て、アメリカのクィントン社が現代の「ランニングマシン」の原型となるマシンを開発。1970年代にアメリカで起きたジョギングブームを受け、爆発的に普及していくこととなった。

160

クロールのバタ足は逆効果⁉

例えばいまプールにいるとして、「クロールをしてください」と言われたら、あなたはどのように泳ぐだろうか。おそらくほとんどの人は両手・両腕で水を掻き、バタ足で前へ進んでいこうとするだろう。

長らく当たり前とされてきたこのクロールの泳法だが、実は最近とんでもないことが発覚した。「過剰にバタ足をすることは、速く泳ぐことに対してむしろ逆効果である」という研究データを、筑波大学などの研究チームが発表したのである。

研究では、秒速1.3メートルまではバタ足は推進力として働くが、それを超えると抵抗力が発生するという結果が出たという。では単純にバタ足を減らせば良いのかというとそうではなく、体つきなど諸々の条件でバタ足の必要／不必要の程度は変わってくるようだ。

クロールのフォームを見直す水泳選手も世界的に出て来ているようで、今後、水泳の常識が大きく変わっていく可能性も出てきている。

161

ボクシングのリングはもともと円形だった

ボクシングといえば、四角いリングの上で両選手が拳をぶつけあうスポーツだ。華やかな演出や力強く俊敏な選手の動きが目を引き、日本でもファンは多い。大きな試合はテレビ番組で放送されることもあるため、たとえファンでなくとも目にしたことがある人がほとんどだろう。

ところでこのボクシングだが、よく考えてみれば不可解な点が一つあることにお気付きだろうか。そう、「リング」だ。どう見ても四角いフィールドなのに、どういうわけか「リング（輪）」と呼ばれている。これは一体なぜだろうか。

その昔、ボクシングは名前の通り「リング」状のフィールドで行われていた。といっても、現在のようにロープで囲われた立派なリングではない。なんと人々がロープを持って輪を作り、見世物や賭け事の対象として、ボクサーはその中で試合をしていたのだ。

その後、現在のようにポストを立てた四角形のなかで試合は行われるようになっていくわけだが、「リング」という言葉だけは名残りとして今日まで使われているというわけだ。

162

相撲の起源は殺し合いだった

現代でさえ力強いイメージのある相撲だが、実は『日本書紀』に記された相撲の起源とされているエピソードは、実はいまでは考えられないほど荒々しいものであった。

時は紀元前23年ごろにまで遡る。大和国に當摩蹶速《たいまのけはや》という、「自分と互角の人物がいればぜひ手合わせしてみたい」と豪語するほどの怪力の持ち主がいた。それを聞いた垂仁天皇は、出雲国からある男を呼び寄せ、試合をさせる。名を野見宿禰《のみのすくね》といい、この男も當摩蹶速に劣らぬ怪力自慢であった。試合は壮絶な蹴りの応酬。最後は野見宿禰が當摩蹶速の腰骨を踏み折って殺害してしまうという、凄惨な幕引きになってしまったという――。

相撲を取る當摩蹶速（左）と、野見宿禰（右）

　このように、相撲は最初「戦闘」の要素が大きかったようだ。その後時を経るにつれ「技芸」や「神事」の側面が作られ、現在の形になっていったというわけだ。

163

少林寺拳法は中国発祥ではない

「ドラゴンボール」の孫悟空のような道着を着た坊主頭の青年たちが、中国の山奥で一心不乱に修行をしている――。「少林寺拳法」といえば、おそらく多くの人がこのような光景を思い浮かべるだろう。しかしそのような、いわゆる中国の拳法は「少林寺拳法」ではなく、「少林拳」と呼ばれている。似た名前だが、これらは別物なのだ。では「少林拳」が中国なら、「少林寺拳法」はどこで生まれたのだろうか。

答えは、日本だ。創始者は、宗道臣《そうどうしん》という日本人男性である。昭和初期に中国に渡り、拳法を学んでいた道臣だったが、１９４５年にソ連軍の攻撃に巻き込まれてしまう。悲惨な光景を目の当たりにした道臣はこのとき、「日本に帰ることができたら、強く優しい若者を育てたい」と決意した。しかしいざ帰国してみると、ＧＨＱの占領下にあった日本は荒廃しきっていた。道臣は苦労して生計を立て、１９４８年にようやく香川県で「日本北派少林寺拳法会」を創立。嵩山《すうざん》少林寺の古拳法を再構成した「少林寺拳法」の指導を始めるに至ったのだ。

164

卓球台が青色になったのはつい最近

昨今、日本でも大きな盛り上がりを見せている卓球。カラフルなユニフォームを取り入れたりと、昔よりも華やかなイメージが定着しつつある。そんなイメージ向上に一役買っているのが、鮮やかな青色の卓球台だ。多くの国際大会でもこの日本製の青い台が使われており、もはや世界基準と言っても良いだろう。青色が当たり前になる以前は、卓球台といえば緑が定番だった。それをなぜ、青色に変えようとしたのだろうか。その背景には、意外な人物の一言があった。

人気番組「笑っていいとも！」に、ミュージシャンの織田哲郎がゲスト出演したときのこと。学生時代は卓球部に所属していたという織田の話に対し、司会のタモリは「卓球って根暗なスポーツだよね」と発言。この放送を受けて、翌年から全国の学校で卓球部員が激減してしまったのだ。日本卓球株式会社は「このままではマズい」と、「根暗」なイメージの改善に努めたのである。その一つが、青い卓球台というわけだ。ちなみに後日タモリは発言を謝罪し、日本卓球協会は寄付も受け取ったという話も残っている。

165

卓球で完勝してはいけない

野球でもサッカーでも、スポーツにおいて相手に1点も取らせず「完勝」するというのは、なかなかできない、素晴らしいことだとされている。特に贔屓《ひいき》の球団や日本代表チームが完勝したとあっては、その喜びはひとしおだろう。

しかしスポーツの世界では、完勝することがマナー違反だとされている競技がある。それが卓球だ。卓球には「相手のサーブミスで喜ぶのはマナー違反」などいくつかの暗黙の了解があり、その一つに「完封勝利してはいけない」というものがあるのだ。仮に片方の選手が完封勝ちしそうになったときには、わざとサーブミスなどをして相手に得点を与えることになっているという。

卓球には他にも「相手がよそ見しているときにプレーを始めてはいけない」や「挑発行為をしてはいけない」などの決まりがある。

公平性を重視する、実にスポーツマンシップに則った競技だと言えるだろう。

166

ゴルフボールに元々くぼみはなかった

ゴルフボールには、小さな凹凸の加工が施されている。この凹凸はディンプル（＝くぼみ）と呼ばれ、空気抵抗を減らしボールを遠くまで飛ばす目的でつけられているのだが、実はこのディンプルはもともと存在していなかった。

19世紀半ばごろまで、人々は表面が平らなボールを使ってゴルフを楽しんでいた。長く使っていると当然ボールの表面にキズやくぼみがつくのだが、ある日突然、気付く人が出てきた。

「くぼんでいる方が、ボールが遠くまで飛ぶ気がする……」

この発見を機に、ボールには凹凸の加工が施されるようになったのだ。現代ではより遠くに飛ばせるようディンプルにもさまざまな工夫がされているのだが、このきっかけは、言ってみればただの偶然だったのである。

表面の凹凸は、ディンプル（くぼみ）と呼ばれる

167

ゲートボールは子どものために考案された

公園に散歩に行くと、お年寄りがゲートボールに興じている姿をよく見かける。もはやおなじみの光景で、「ゲートボール＝お年寄りのスポーツ」というイメージは完全に出来上がっていると言えるだろう。しかしこのゲートボール、実はもともと子ども向けのスポーツだったということをご存じだろうか。

時は１９４７年。戦争の影響で、子どもたちはオモチャを無くして困っていた。そこで立ち上がったのが、北海道の鈴木栄治という人物だ。当時イギリスで流行していたクロッケーというスポーツを参考に、道具にも場所にも不自由しにくい手軽な遊びを提案した。それが、ゲートボールというわけだ。

ちなみに、もちろんゲートボールにも若いプレーヤーはいるし、場所によっては、「ゲートボール部」がある学校も存在している。趣味が欲しい、と悩んでいる人は一度試してみてはいかがだろうか。

168

「K点」は「越えるな危険」

スキージャンプを見ていると、よく「K点越え」という言葉を耳にする。この「K点」とはドイツ語で「建築基準点」を意味する「Konstruktions《コンストルクツィオーンス》 punkt《プンクト》」の頭文字を取ったもので、ジャンプ台の建築基準点のこと。現在はこのK点を飛距離の基準点とし、着地滑走路の傾斜角度が決められている。この「K点」を越えて着地した場合は点数が加算されるため、選手は「K点越え」を喜ぶのだ。

ところがこの「K点」、もとは「越えるな危険」の目安だったことをご存じだろうか。

現在使われている「建築基準点（Konstruktions punkt）」と似た単語だが、「K点」はもともとドイツ語で「極限点」を指す「Kritischer《クリーティシャー》 Punkt《プンクト》」の頭文字を取ったものだった。つまり「これ以上先で着地すると危険です」ということを示す点だったのだ。しかしその後、選手の技術や用具の進化により「K点越え」の選手が続出するようになる。その状況を受けて、「K点」は現在のような使われ方をするように変化していったのだ。

169

イナバウアーは得点にほとんど影響しない

2006年のトリノオリンピックで、フィギュアスケートの荒川静香が使ったことにより一躍有名になった「イナバウアー」という技だが、実は我々日本人の多くが誤解している点がある。

一つは、技の名前について。荒川選手が披露したのは、正確にはイナバウアーではない。そもそもイナバウアーとは足を前後に開き、つま先を180度に開いて滑る技だ。そこに上半身をそらす「レイバック」を加えたものを荒川選手は披露したのだが、多くの人はそれらをまとめて「イナバウアー」と誤認してしまっているのである。

この技は正確に言うと「レイバックイナバウアー」だ

加えて、この「レイバックイナバウアー」は得点にはほとんど影響しない、いわば「つなぎ」の技である。もちろん「つなぎ」も重要な技術ではあるが、「荒川静香はイナバウアーで金メダルを勝ち取った」と思っているとしたら、それはあまり正確な認識ではないと言えるだろう。

170

元々オリンピックに金メダルはなかった

「オリンピックで1位を獲ったときに授与されるメダルの色は?」と聞かれれば、誰しもが「金」と答えるはずだ。「馬鹿にしているのか」と怒られてもおかしくないほどの、世界的な常識である。

しかしこの金メダル、実は優勝選手に授与されるようになったのは1904年、アメリカのセントルイスで開催された第3回大会からだ。金の価値が高すぎたため、第1回・第2回大会では、優勝者には銀メダル、準優勝者には銅メダルが贈られていたのである。「じゃあ3位は?」と思うかもしれないが、残念ながら3位の選手はメダル無しであった。

ちなみに、金メダルの金はメッキだというのはいまや有名な話だが、1912年のストックホルム大会までは、きちんと純金のメダルが用いられていた。

その後開催国の財政状況などを考慮し、いわゆる金メッキでも良いというルールが制定されていったのだ。

171

レフェリーとアンパイアは別物

スポーツ中継などを見ていると、競技によって審判は「アンパイア」や「レフェリー」と違う呼び方をされているのだが、この2つには明確な違いがある。

審判が「レフェリー」と呼ばれるスポーツは、主にサッカーやバスケットボール、ボクシング、ラグビーなど。一方で「アンパイア」は野球、テニス、バレーボール、バドミントンなどだ。

野球の球審は、動かないので「アンパイア」

この2つの違いに、もうお気付きだろうか。実は審判が常に動いていないといけない競技では「レフェリー」、一方で椅子などに座ってジャッジを下す競技では、審判は「アンパイア」と呼ばれるのである。

ちなみにアメリカンフットボールなど競技によっては、「レフェリー」と「アンパイア」に合わせて「ラインジャッジ」など7人もの審判団がいるようなものも存在する。

172

ラジオ体操は日本発祥ではない

ラジオ体操といえば、体育の授業や夏休みの恒例行事としておなじみの体操だ。古くから日本で行われてきた体操だということから、なんとなく日本発祥だと思っている人も多いかもしれないが、実はラジオ体操はアメリカ発祥のものである。

はじまりは、１９２５年からアメリカのメトロポリタン生命保険会社が自社の宣伝も兼ねて放送していたラジオ番組だ。簡易保険局監督課長・猪熊貞治《いのくまていじ》が視察でアメリカを訪れた際にこの体操を知り、日本に持ち帰ったのである。その後雑誌などで紹介されることで日本にも普及し、現在に至るというわけだ。

戦前に行われていたラジオ体操の様子

ちなみに、現在では日本独自の形で進化しているラジオ体操文化であるが、アメリカでは「実に日本的な文化だ」と珍しがる向きもあるという。もともとは自分たちの国で誕生したということは、どうやらアメリカ本国でもあまり知られていないらしい。

173

チアリーダーは昔、ほとんど男性だった

あまり想像できないかもしれないが、チアリーダーは昔、ほとんどが男性だった。チアリーダーの発祥はアメリカで、アメリカンフットボールを応援するために作られたチームが最初とされているのだが、このチームはほとんど男性で構成されていたのだ。日本で言うところの「応援団」のような感じ、と言えば分かりやすいかもしれない。その後、徐々に男女比が逆転して現在のような形になっていった。

また、日本においてチアリーダーは「チアガール」という呼び方でも親しまれているが、この「チアガール」という言葉も「チア＝女性」という誤解を生んでしまう一つの要因である。

「チアガール」というのは、実は和製英語だ。「cheer《チア》」は「元気づける」という意味の単語で、本来性別を限定する言葉ではないのである。

英語で「チアガール」や「チアボーイ」というと、卑猥な言葉として認識されてしまうので注意しよう。

174

「ベースボール」を「野球」と訳したのは？

野球に詳しい人に「ベースボールを野球と訳したのは誰？」というクイズを出すと「正岡子規」と自信満々に答える人がいるかもしれないが、これは誤りである。

このクイズの答えは、中馬庚《ちゅうまんかなえ》という人物だ。旧制第一高等学校では二塁手として活躍し、『第一高等学校野球部史』という文章の中で初めて「ベースボール」にあたる言葉として「野球」という名前をつけたのだ。また、日本で最初の野球指導書を著した人物でもある。

では、なぜ正岡子規との混同が生じたのだろうか。俳人・正岡子規は中馬庚から見て第一高等学校の先輩であり、子規も野球（当時はまだベースボールと呼ばれていた）に熱中していた。また、子規は本名であった「升《のぼる》」にちなんで「野球《のぼーる》」という雅号も用いたことがあるのだが、これは中馬が「野球」を命名する前のことだった。さらに、子規は「打者」「走者」「四球」「直球」といった多くの野球用語も創作している。これらの事実が誤解の原因となったのだろう。

野球ファンならぜひとも覚えておきたい雑学である。

175

サックスは金管楽器ではない

サックスといえば、トランペットと並ぶジャズの花形であり、憧れの的となる華やかな楽器である。金属でできていて、トランペットと同じように金色に輝く見た目だから、どちらもラッパの仲間だろうと思われるかもしれないが、サックスは金管楽器ではなく木管楽器である。

金管楽器と木管楽器の違いは、楽器の材質の違いではなく、音の出し方の違いで分けられる。金管楽器は唇を振動させて吹くと音が出るもので、トランペットやホルンはもちろん、合戦の合図で吹く法螺貝や、２０１０年の南アフリカＷ杯で流行ったブブゼラも金管楽器である。

一方、木管楽器は金管楽器以外の管楽器を指し、「リード」という薄い板の振動で音を出す楽器である。サックスにはこのリードが取り付けられているため、木管楽器ということになる。フルートに薄い板は付いていないが、楽器の吹き口の角に息を当てて鳴らす「エアリード」と呼ばれる仕組みを持っているので、やはり木管楽器である。他にも、尺八や篠笛《しのぶえ》、ハーモニカ、オカリナも木管楽器に分類されるのだ。

176

チャルメラはラッパではない

チャルメラといえば明星《みょうじょう》食品のラーメンの名前にもなっているが、一昔前に屋台のラーメン屋のおじさんが客寄せのために吹いていた楽器を連想するだろう。ラッパのような音でメロディが思い出されるかもしれないが、実はチャルメラはラッパとは全く違う楽器なのだ。

チャルメラのルーツは、西アジアの「ズルナ」という楽器に由来する。これが中国に伝わって「嗩吶《スオナー》」になり、さらに日本でチャルメラになったと言われている。チャルメラは2枚のリードを草笛と同じような原理で吹いて音を鳴らす楽器で、ラッパの場合は唇を震わせて音を鳴らす。つまり、前の項の説明から考えると、チャルメラは木管楽器で、ラッパは金管楽器である。音や形が似ているだけで全く関係ないのだ。

チャルメラを吹く男性

最近は屋台のラーメン屋も少なくなり、そもそもチャルメラという楽器を知らない人もいるようだが、これも時代の流れだろうか。

177

『蛍の光』はもともと再会を祝う歌だった

『蛍の光』といえば卒業式などでおなじみの唱歌の一つだ。デパートやパチンコ屋などの閉店時間直前に流れる曲としても知られるだろう。友との別れを惜しんで無事を祈る曲だが、その原曲の歌詞はもともと、友との再会を祝うという真逆の内容だったのである。

原曲は『オールド・ラング・サイン』というスコットランド民謡だ。その1番の歌詞を日本語に訳すと「昔の友や思い出は忘れられてしまうのだろうか。友よ、懐かしい日々のために友情の一杯を酌み交わそう」という内容になる。つまり、古い友人と再会し、懐かしい思い出に浸りながら酒を飲むという乾杯ソングなのだ。そのため英語圏ではお祝いの曲として、年が明けた瞬間にみんなで合唱するのが定番となっている。

ちなみに、日本では2番までしか歌われないことが多いが、実は4番まで存在する。3番以降は「どこに行っても国のために力を尽くし、仕事に励みなさい。どうぞご無事で」といった内容なのだが、軍国主義な内容が敬遠されたのか、教育現場では歌われなくなったのである。

178

『不思議の国のアリス』のアリスの服の色

ルイス・キャロルの児童文学『不思議の国のアリス』は誰もが知る名作であり、ディズニー映画などでも人気となっている。その主人公・アリスが着ているドレスの色といえば、おそらく青か水色を思い浮かべるだろう。確かにディズニー映画をはじめ多くの作品では淡い青のエプロンドレスを着ていることが多いが、実は原作では違う色のドレスを着ていたのだ。

ルイス・キャロルが子ども向けに書き直した『子供部屋のアリス』の挿絵では、アリスが黄色いドレスを着ている。しかし、ディズニーでアニメ映画化される際に、青いドレスへと変更されてしまった。アリスの長い金髪に合う色ということで青が選ばれたのかもしれない。

ちなみにこの『不思議の国のアリス』は、ルイス・キャロルが即興で作った話だ。彼には懇意にしていたリデル家という一家があり、そこの幼い三姉妹から物語を話すようせがまれたキャロルは、三姉妹の次女であるアリスを主人公にしたお話を語り始めた。これを書き留めたものが、『不思議の国のアリス』として全世界に広まったのである。

179

弁護士は「異議あり！」と叫ばない？

裁判をテーマにしたドラマやゲームで、弁護士や検事が相手の発言に異議を唱えるときに「異議あり！」と叫ぶのを聞いたことはないだろうか。実際にこのセリフを法廷で聞くことはほぼないという。確かに刑事訴訟法３０９条1項では、証人尋問に対する異議の申し立てが認められているが、これは証人に対して行うものではない。例えば、検察官が証人を威嚇したり事実でないことを前提に質問したりしたとき、「検察官のやり方はおかしいので、裁判所側から止めてください」とお願いするために、異議を申し立てることができる。ただしこのときも、偉そうに大声では叫ばず、「異議。誘導尋問です」のように冷静に指摘する場合が多いようだ。

ちなみに、裁判長がギャベル（木槌）を叩いて「静粛に！」と言うシーンもドラマでおなじみかもしれないが、日本の法廷にはギャベルが置かれておらず、「静粛にしてください」と声で注意するだけだそうだ。

ギャベルは欧米の裁判所やオークション会場などで使われている

180

実は言っていない名ゼリフ　フィクション編

フィクション作品の有名なセリフは数多くあるが、実は作中ではほとんど、あるいは全く言われていないのにもかかわらず、お決まりのセリフとして扱われるものがある。

代表的なものとしては『ドラゴンボール』に登場する孫悟空の「オッス、オラ悟空！」というセリフだ。アニメの次回予告では発言しているが、原作には一切登場しない。『ドラえもん』の「ぼく、ドラえもんです。」も次回予告でしか言われず、『名探偵コナン』の江戸川コナンの「真実はいつもひとつ！」という決めゼリフも劇場版の予告などでしか言われない。

言ったことには言ったが、作中ではたった一度しか言っていないものもある。『北斗の拳』のケンシロウが言い放つ「おまえはもう死んでいる」や、『機動戦士ガンダム』のアムロ・レイが出撃する際に言う「アムロ、行きまーす！」などがそれだ。

これらのセリフはパロディなどでしばしばネタにされることが多いため、作中でよく言われていると勘違いされるのだろう。

181

海外では改変されている日本の名作

日本の人気テレビアニメが海外で放送されることが決まった場合、作品がよりその国の文化や風習になじむように改変されることがある。これを「ローカライズ」と呼ぶが、なかにはびっくりするような改変が行われていることをご存じだろうか。

例えば、『ドラえもん』だ。アメリカ版「のび太」が「Noby《ノビー》」、「ジャイアン」が「Big-G《ビッグ・ジー》」と改名されていたり、作中に登場する石焼き芋の屋台がポップコーンの移動販売車に変更されていたりする。『ドラえもん』に親しんでいる日本人からすると、なかなか想像しにくい設定である。

また、『名探偵コナン』の英語版は「コナンという単語はすでに商標登録されている」という理由から、そのタイトルまでも変更されてしまっている。英語版のタイトルは「Case Closed - One Truth Prevails」で、「Case Closed」は「事件解決」、「One Truth Prevails」はコナンの決め台詞でもある「真実はいつもひとつ」という意味だ。

182

『サザエさん』のエンディングテーマの秘密

アニメ『サザエさん』のエンディングは、誰もが見たことがあるだろう。エンディングテーマは『サザエさん一家』という曲なのだが、テレビで流されるのは1番の歌詞ではない。

というのも、1番の歌詞が「二階の窓を〜」という歌い出しで始まるのに対し、アニメの磯野家は平屋なので2階が存在しない。なぜこのような歌詞になったのかというと、原作の磯野家には2階が存在して、歌詞もその設定に基づいて書かれたのだ。「二階の窓を開けたら朝日が差し込んで素敵な日曜日だ」という内容、せっかくさわやかな歌詞なのだが、この部分は使われていない。アニメでは2番の前半と3番の後半をつなげたものが流されている。

エンディングつながりでもう一つ。番組の最後の次回予告ではサザエがじゃんけんをしているが、1991年まではサザエがお菓子を放り投げて口でキャッチして食べるというものだった。しかし、「子どもが真似をすると危険だ」という指摘を受け、現在のじゃんけんに変更されたのである。

183

磯野家にタマ以外のペットがいた

アニメ版『サザエさん』で磯野家のペットといえば、真っ白な猫のタマである。しかし、原作である漫画版にはもっとたくさんのペットが登場していた。タマという名前の猫も登場するが、それ以外に「ミー公」という猫も飼われていたそうだ。

猫以外には犬も飼っており、「ジョン」「エルザ」「太郎」という犬が登場している。名前のついたペットは他にもおり、サザエがリスの「マイク」を飼って家事の合間に遊んでいたこともあったという。また、ワカメは捨て猫を物置で飼ったり、金魚の面倒を見ていたりしたこともあった。カツオはカナリヤ、伝書鳩、カメ、ハムスターを飼っていたことがあるという。

さらに連載開始当初は家畜も登場した。特にニワトリが多く登場し、ニワトリを絞め殺して夕飯のご馳走にしたり、ワカメがお仕置きでニワトリ小屋に閉じ込められたりしている。

これほど多くの動物が登場するのは、作者の長谷川町子が動物好きであり、動物が登場する絵本を多く描いていたことも関係しているのかもしれない。

184

『サザエさん』の原作に登場しないキャラクター

２０１９年で放送50周年を迎えたアニメ『サザエさん』。磯野家の家族以外にも多くのサブキャラクターが登場するが、よく見るわりに原作の漫画版には全く登場しない人物も多い。

例えば、カツオのクラスメイトの中島くん、花沢さん、カオリちゃんなどはいずれもアニメオリジナルである。たびたび不思議な行動をするワカメのクラスメイトの堀川くんも、同じくアニメオリジナルだ。三河屋の配達員であるサブちゃん（三郎）や、マスオの同僚であるアナゴさんも原作には登場しない。さらに、ノリスケとタイコの息子でタラちゃんのはとこであるイクラちゃんは、一応原作には登場するが、作者が名付けた名前は「チドリ」だった上に、当初は女の子という設定だったようだ。アニメ版で初めて「イクラ」という名前が与えられたのだ。

アニメ放送開始当初から携わっている脚本家の雪室《ゆきむろ》俊一いわく、サブキャラクターたちを通じて磯野家を描きたいという思いがあるという。こうした個性豊かな登場人物たちも、『サザエさん』が長年国民に親しまれている要因の一つといえるだろう。

185

『風の谷のナウシカ』はジブリ映画ではない

宮崎駿監督によるSFアニメ映画『風の谷のナウシカ』は、公開から35年以上経った現在でも色褪せない不朽の名作だ。本作を元祖ジブリ作品として記憶している人も多いかもしれないが、これはスタジオジブリの作品ではないのだ。

アニメ雑誌の編集者をしていた鈴木敏夫は、宮崎に彼の映像企画をもとにした漫画の執筆を依頼した。これが『風の谷のナウシカ』である。その後『ナウシカ』の映画化が決定した際プロデューサーに就任したのが、かつて宮崎とともにアニメ制作をしていた高畑勲だった。そして高畑が映画『ナウシカ』の制作を依頼したのが、トップクラフトというアニメ制作会社である。つまり、『ナウシカ』はトップクラフトの作品なのだ。『ナウシカ』が興行的に成功を収めたのち、『天空の城ラピュタ』制作に向けてトップクラフトを改組して設立されたのが、スタジオジブリである。そして宮崎と高畑の両監督が日本のアニメ界を牽引する存在となった一方、鈴木はスタジオジブリ全作品の映画プロデューサーを務めている。

186

『天空の城ラピュタ』ムスカのセリフの秘密

スタジオジブリの映画『天空の城ラピュタ』はテレビで繰り返し再放送されていることもあってか、公開から30年以上経った現在でも国民に愛される名作だ。その登場人物であるムスカは、ジブリ作品では珍しい悪役で、印象的な言動から高い人気を持つキャラクターである。そんなムスカのセリフの一つに「3分間待ってやる！」というものがある。これはムスカが銃口をヒロインのシータに向けたところに主人公・パズーが助けに現れ、パズーの「シータと二人っきりで話がしたい」という要求に答えたものだ。

しかし、実際にその時間を測ってみると、3分間ではなくわずか50秒程度。待っている間にムスカはこっそりと銃弾の装填《そうてん》を終え、「時間だ！ 答えを聞こう！」と言ったのだ。あくまで次の銃撃の準備を整えるための時間であり、3分という時間に意味はなかったのである。

ちなみに、北米版ではセリフが「I'll give you one minute, starting now.」つまり「1分間待ってやる」となっており、実際の時間を考えるとこちらのほうが近いのだ。

187

ホラー映画『リング』の主題歌は明るい曲

『リング』は1998年に公開されたホラー映画で、「ジャパニーズ・ホラー」ブームの火付け役となった作品である。映画を見たことがない方でも、長い黒髪で白い服を着た女性（山村貞子）がテレビ画面から這い出てくるシーンはご存じだろう。その主題歌であるHⅡH《エイチトゥエイチ》の『feels like "HEAVEN"』も、曲名こそあまり知られていないが、いきなりの高音のサビから始まる印象的な歌い出しはよく知られている。

しかし、その歌い出しがしばしば「♪来る〜　きっと来る〜」だと誤解されている。本来の歌詞では「♪来る〜」ではなく「Oooh《ウーウ》」と言っている。「貞子がやって来る」という恐怖を煽るように繰り返されているのかと思いきや、よく聴くとしっかり「Oooh」と言っている。

さらに、実際に歌を通しで聴くと、ホラーどころかとても軽快な曲調であり、殺伐とした世界に希望を見出すような前向きな歌詞だということがわかる。ただ、やはり貞子の印象が強いのか、しばしばホラー系のパロディで使われがちな楽曲である。

188

ジェイソンはチェーンソーを使っていない

ホラー映画『13日の金曜日』シリーズを代表するキャラクターであるジェイソン・ボーヒーズ。彼の武器はチェーンソーだと誤解されがちだが、チェーンソーを使ったことは一度もない。

ジェイソンが主に使っていたのはマチェット（鉈《なた》）や斧であり、その場で適当に手に取った道具を凶器として使うこともあった。実際にチェーンソーを使っていたのは、ホラー映画『悪魔のいけにえ』に登場するレザーフェイスだが、ジェイソンとレザーフェイスが混同された結果、このような誤解が生まれたと考えられる。また、ジェイソンのトレードマークといえば不気味なホッケーマスクだが、彼がこれを被り始めたのはシリーズ3作目からで、それ以前は穴を開けた麻袋を被っていた。どちらも自らのコンプレックスである醜い顔を隠すためのものだ。

ちなみに、シリーズ1作目の『13日の金曜日』の犯人はジェイソンではなく、彼の母親であるパメラだ。パメラとジェイソンには悲しい過去があるのだが、ご覧になっていない方はぜひ映画で確認していただきたい。

189

『E.T.』にあのシーンは存在しない

『E.T.』は1982年に公開され、当時全世界で人気を博したSF映画だ。少年エリオットと地球外生命体E.T.との友情を描いた名作だが、この映画といえば、大きな月を横切って自転車で空を飛ぶシーンや、エリオットとE.T.が互いに指を合わせるシーンが有名だろう。特に後者は、友達とふざけて指を突き合わせて「トモダチ……」と真似をした人もいるかもしれない。しかし、映画本編にはそんなシーンは存在しないのだ。

ではそんなデタラメがどこから生まれたのかというと、ジョン・アルヴィンが制作した映画ポスターだ。映画『E.T.』の公開に際して使われたこのポスターに、指と指を合わせるシーンが描かれている。大変印象的な一枚だということで、あたかも本編で出てきたかのように誤解されて広まっているのだ。また、映画には、エリオットが丸ノコの刃で指を怪我してしまった際に、E.T.の指が光ってエリオットの指に触れると傷が治るというシーンがある。もしかするとこれも混同の原因かもしれない。

190

スーパーマンの胸に書かれた「S」の意味

スーパーマンといえばアメリカを代表するスーパーヒーローだ。胸にはダイヤモンド型の枠に赤い文字で大きく「S」と書かれたロゴがあり、スーパーマンのシンボルマークとなっている。しかしこのロゴ、設定ではアルファベットの「S」ではないとされている。

漫画連載当初のロゴは、黄色い盾の中にアルファベットの「S」が書かれたもので、ただ単にスーパーマンの頭文字でしかなかった。その後何回もロゴが変更され、1940年頃に現在のものに近いロゴとなった。そして1978年の映画『スーパーマン』で、スーパーマンの故郷・クリプトン星のエル家の紋章であるという設定が追加された（スーパーマンの本名はカル＝エル）。なお、アルファベットのSと似ているのは単なる偶然ということになっている。

また、2013年に公開された実写映画『マン・オブ・スティール』では、スーパーマン自ら「これはSではない。僕の世界では希望を意味する」と打ち明けるシーンがある。いずれも後付けだが、こうした意味も込められるようになったのだ。

191

マリオが悪役になったことがある

任天堂が生み出したマリオは、世界で最も有名なゲームキャラクターである。しかしそんなマリオが悪役として登場するゲームが一つだけあるという。

それが１９８２年に稼働を開始したアーケードゲーム『ドンキーコングＪＲ.《ジュニア》』である。前作の『ドンキーコング』は、ドンキーコングにさらわれた恋人・レディをマリオが救い出すというストーリーである。ちなみにドンキーコングは当初、マリオが飼っていたゴリラが逃げ出したという設定だったそうだ。そして『ＪＲ.』では一変して、マリオがドンキーコングを連れ去ってオリに閉じ込めてしまい、それを息子のドンキーコングＪＲ.が救いに行くというゲームになっている。マリオは鞭を叩いて敵キャラクターを突撃させているが、その姿は完全に悪役だ。なお、ゲームをクリアするとマリオは落下して死んでしまう。ちなみに、『ドンキーコング』に登場していたときのマリオにはまだ名前がなく、「ジャンプマン」などと呼ばれていたという。マリオという名前が初めて登場したのも、この『ドンキーコングＪＲ.』なのだ。

192

「ルイージ＝類似」が由来ではない

任天堂の大人気タイトル「マリオシリーズ」に登場する「マリオ」の双子の弟として、多くの人々に親しまれている「ルイージ」。緑色の帽子に「L」のマークがトレードマークであり、マリオに比べて気弱でおっちょこちょいな性格であることも特徴とされている。

そんなルイージだが、生みの親である宮本茂が「マリオに類似しているから」という理由でルイージと名付けたという説がある。確かによくできた話で、筋も通っているように聞こえるが、実はこれは後付けの俗説。宮本自身も否定している話である。そもそも名前を付けたのはアメリカのチームで、「イタリア人によくいる、語呂の良い名前」ということで「ルイージ」に決定したというだけの話なのだ。

ちなみにルイージの兄であるマリオの名前も、任天堂のアメリカの倉庫の大家の名前から取ったものだという。なんとも適当な理由で付けられた名前であるが、それがここまで人気キャラになっているのだから面白いものだ。

193

高橋名人はゲームがそんなに上手くなかった

高橋名人といえば、ファミコン全盛期に「ファミコン名人」として一世を風靡したゲーマーだ。当時の子どもたちの憧れの的だったが、実はゲームの腕前は決して上手ではなかったという。

高橋名人こと高橋利幸《としゆき》は、ゲーム会社のハドソンの宣伝部に所属する、ごく普通の会社員だった。しかし、あるイベントに出演した際、観客の前でゲームのデモプレイをしたところ、大勢の子どもたちがサインを求めてきた。これがきっかけで、会社の命令で「名人」と名乗ることになったのだという。それからイベントに出る際はゲームの一部分を猛練習し、子どもたちの前で失敗しないように対策していたそうだ。

高橋名人といえば高速連打の「16連射」だが、これは本物の技だ。少年時代に実家の金物屋の手伝いで毎日灯油缶を運んでいて握力が鍛えられたことが、16連射につながったという。ちなみに、高橋名人は歌手としても活動しているのだが、歌唱力には定評があり、アニメ『Ｂｕｇってハニー』の主題歌も担当している。ゲームの上手さはともかく、歌の上手さは本物だ。

194

人生ゲームは日本発祥ではない

定番ボードゲームの一つである、「人生ゲーム」。古くからずっと日本にあるような印象だが、実はアメリカ生まれのボードゲームだということをご存じだろうか。

原型となる「THE CHECKERD GAME OF LIFE」が誕生したのは、１８６０年。これは「縦に進む」「横に進む」という指示を受け、自分で進むマスを決めるというものだった。「善行」のマスを選ぶとポイントが増えるというシステムで、聖書の教えを広めるという意図もあり考案されたゲームでもあった。

１９６０年、「THE CHECKERD GAME OF LIFE」は「THE GAME OF LIFE」という名前で生まれ変わり、その8年後にタカラ社から日本での発売が開始された。これが、私たちが知る「人生ゲーム」である。その後「関西版」や「平成版」など日本人向けのシリーズが多数開発され、人気を獲得していったというわけだ。さらに近年ではテレビゲーム版なども登場しており、より私たちに身近なものとなっている。

195

チェスの起源は、ヨーロッパにはない

チェスと言えば、スーツを着たヨーロッパの紳士がやっているような、いわば西洋版の将棋のというイメージを持っている人も多いだろう。それもある意味では間違ってはいないかもしれないが、実はチェスの起源はヨーロッパにはない。

ではどこにあるか。答えは、インドだ。古代インドには「チャトランガ」というボードゲームがあった。象・馬・戦車・歩兵の駒があり、その形もかなりチェスの駒に近い。「4人制のゲームだった」「サイコロを用いていた」など、現在のチェスのルールとは異なる記録も見受けられるが、これがチェスの起源と考えられているのだ。6世紀ごろにインドからササン朝ペルシアに伝わり、そこから戦争や貿易を通じてロシアをはじめとするヨーロッパに伝わったという説が一般的なようである。

ちなみにこの「チャトランガ」は将棋の起源にもなっているとされている。考えてみればチェスも将棋も似たゲームなので、そう言われても不思議ではない。

196

将棋盤の意外な仕組み

最近ではテレビなどのメディアで取り上げられる回数も増えている将棋。プロ棋士の対局を見ていると、集中力や将棋の腕前は当たり前だが、その他にも明らかに素人とは違う点がある。駒を打つときの音だ。「パチン」という音は聞いていて気持ちがよく、対局の緊迫感をより引き立てるようでもある。

もちろんプロの美しく打つ技術によるところもあるだろうが、実は将棋盤の方にも、音を響かせるための仕掛けがあるのをご存じだろうか。

プロの対局で使用されるような将棋盤をひっくり返すと、中央部がへこんでいるのがわかる。これは「音受け」といって、駒を盤に打ち付けたとき、より美しく音が響くようにわざと穴が開いているのだ。

この「音受け」は別名を「血溜まり」といって、対局中に口を出した第三者の首をはねてさらすための穴だという俗説もあるが、あくまで俗説なので真偽は定かではない。

197

けん玉は日本発祥ではない

日本で古くから遊ばれているけん玉は、実は日本発祥のオモチャではない。一説には、そのルーツは16世紀フランスで流行していた「ビルボケ」だと言われている。シンプルな作りではあるが、現在のけん玉とほとんど変わらない形だったようだ。

現存する中でけん玉が登場する最も古い日本の文献は、『拳《けん》会《さらえ》角力《すまい》図会《ずえ》』（1809年）。こちらは棒の先に付いた皿に、玉を入れるというものだった。そこからさらに進んで1918年、少しずつ形を変えてきたけん玉の完成形がついに誕生した。広島県の江《え》草《ぐさ》濱《はま》次《じ》氏が開発した「日月ボール」だ。名前こそ違えど、こちらは完全に現在で言うところの「けん玉」の形をしている。

そして現在ではけん玉のパフォーマンス性がどんどん進化し、「KENDAMA」として逆輸入的に海外でも親しまれるようになっている。

フランスのけん玉「ビルボケ」

198

ダーツは真ん中が最高得点ではない

多くの人にとって、ダーツは「ルールが難しそう」「やったことはあるけど、よくわからない」という存在ではないだろうか。シンプルに点数を稼いでいく「カウントアップ」や、点数がちょうど0点になるように投げる必要がある「ゼロワン」、陣取りゲームのような「クリケット」など、ルールが複数あって混乱しがちだ。

さらに「ダーツは難しい」というイメージを作ってしまっているもう一つの原因が、複雑なダーツボードの得点配置だろう。数字が順番通りに並んでいるわけでもなく、なにやら色分けもされている。さらに驚くべきことに、真ん中に刺されば最高得点がゲットできるわけではないのである。これでは難しそうだと思われるのも無理はないだろう。

しかしきちんと見てみれば、ダーツの得点配置はそこまで難しいものではない。白・黒のエリアに刺されば、単純にその列に書いてある得点が入り、外側の細い輪（ダブル）に刺されれば書いてある得点の2倍、内側（トリプル）に刺されれば3倍の得点が入る。真ん中はブルと呼ばれ、ここに刺されば50点（ブルが分かれている場合、外側は25点になる）だ。

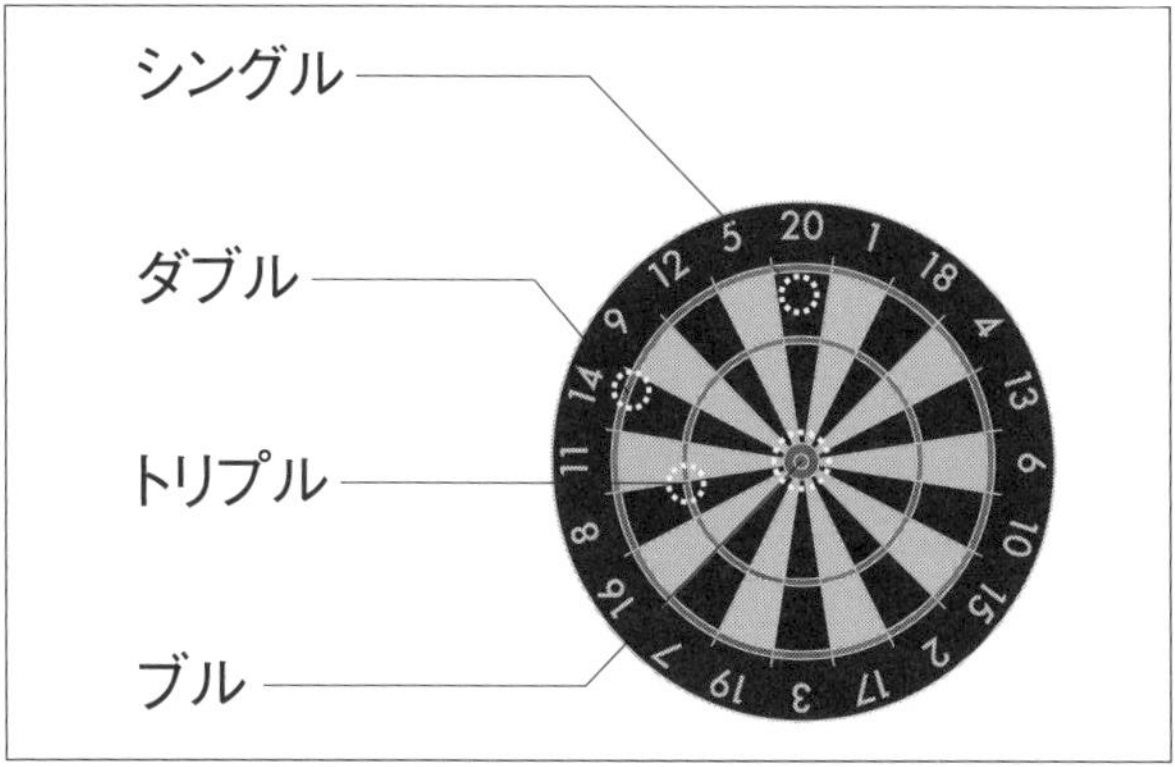

ダーツは、ただ真ん中を狙っていれば勝てるというわけではない

ここまでを踏まえて図を見ていただけるとわかるが、最高得点はブルの50点ではなく、20点のトリプル＝60点ということになる。ただし難しいのが、「それなら20点のトリプルばかりを狙えば良い」というわけではないということだ。確かに最高得点は20点のトリプルだが、そこを狙って万が一外してしまった場合のリスクもまた高いのである。

そのリスクも考慮した上で、比較的に的が大きくリスクも低めなブルを狙ったり、またはブルがセパレートになっているときは思い切って20点のトリプルを狙うなどさまざまな駆け引きが行われる。プライベートの遊びでそこまではやらないかもしれないが、知っていればより楽しくプレイできるだろう。

199

トランプのクラブ＝クローバーではない

トランプのクラブ。その名前や見た目から、三つ葉のクローバーが由来だと思っている人も多いかもしれないが、実はそれは勘違いだ。そもそも「トランプ」とは「切り札」という意味で、英語圏では「プレイングカード」と呼ばれている。「スート」と呼ばれるマークにはそれぞれ意味があり、クラブ（こん棒）＝農民、スペード（剣）＝貴族、ハート（心・魂）＝僧侶、ダイヤ（お金）＝商人を表しているのだ。

クローバーは、農民を表すこん棒のマークだ。

また、トランプにはスート以外にも細かく設定があり、例えば赤と黒は昼と夜を表していたり、ジョーカーを除いた52枚は一年（52週）を表していたりする。他にも、1〜13×4セットのすべての数を合計すると364となり、そこにジョーカーを足すと365＝1年という数字が浮かび上がる。もう一枚のジョーカーは、うるう年というわけだ。

200

レゴブロックに長らく使われなかった色

レゴブロックは、デンマーク生まれのブロック玩具。昔遊んだ、あるいはいまも趣味で続けているという方もいるだろう。そんなレゴブロックの魅力の一つと言えば、カラフルなブロックの数々だ。鮮やかな色使いは見ているだけでも楽しいが、実はその昔、レゴブロックにおいてタブーとされていた色があることをご存じだろうか。

問題の色は2色ある。一つは緑色だ。これは「子どもたちが戦車や戦闘機を作らないように」というレゴ社の思いから、製造が控えられていた色だ。緑色のブロックが製造されるようになった現在も、他の色と比べるとやはり緑色のパーツは少なめだという。

もう一つは、肌色だ。「自分たちは人種差別をしない、中立な立場だ」という姿勢を示すため、初めは人間の顔のパーツにも黄色のみを用いていた。なお現在は「ハリーポッター」シリーズのような、いわゆる「版権モノ」の場合はより再現度を上げるためにさまざまな色の顔パーツが用いられるようになっている。

【主要参考文献】

『縄文農耕の世界　DNA 分析で何がわかったか』佐藤洋一郎著（PHP 研究所）、『名字から歴史を読む方法』鈴木亨著（河出書房新社）、『山岡鉄舟　決定版』小島英記著（日本経済新聞出版）、『ペリー来航　日本・琉球をゆるがした 412 日間』西川武臣著（中央公論新社）、『トリノトリビア』川上和人、マツダユカ、三上かつら、川嶋隆義著（西東社）、『絶対にスベらない無敵の雑学』なるほど倶楽部編（角川学芸出版）、『ポケット図解　教科書とはひと味違う　世界史のだいごみ』越野明著（秀和システム）、『モノの世界史　刻み込まれた人類の歩み』宮崎正勝著（原書房）、『頭のいい子が育つ！　子どもに話したい雑学』多湖輝著（KADOKAWA）、『市田ひろみ　恥をかかない和食の作法』市田ひろみ著（家の光協会）、『接待以前の会食の常識』小倉朋子著（講談社）、『磯野家の謎「サザエさん」に隠された 69 の驚き』東京サザエさん学会編（彩図社）『原寸型紙と詳細なプロセス写真で学ぶ　般若面を打つ』倉林朗（日貿出版社）

【使用画像】
p14：©NationalLandImageInformation（Color Aerial Photographys）国土交通省、p24：©KENPEI、p35：©Charlesfrederickworth / CC BY-SA 3.0、p54：©Laurel F / CC BY-SA 2.0、p58：©Hg.naton、p92：倉林朗『原寸型紙と詳細なプロセス写真で学ぶ　般若面を打つ』日貿出版社、p112：©www.localfitness.com.au、p121：©www.localfitness.com.au、p123：©Kabir、p125：©Alpsdake、p135：©Alpsdake、p137：©Marek Szczepanek、p139：© Piotr_J、p143：©Bearpark、p188：©Lotus Head、p191：©Kcr、p198：©IQRemix / CC BY-SA 2.0、p219：©DocteurCosmos

みんなが誤解している雑学

2021 年 10 月 14 日　第 1 刷

編　者　常識のウソ研究会

発行人　山田有司

発行所　株式会社彩図社
〒170-0005
東京都豊島区南大塚 3-24-4 MTビル
TEL 03-5985-8213　FAX 03-5985-8224

URL：https://www.saiz.co.jp/
Twitter：https://twitter.com/saiz_sha

印刷所　新灯印刷株式会社

 ISBN978-4-8013-0555-7 C0100
本書は、2019 年 10 月に小社より刊行された『みんなが誤解している雑学』を修正の上、文庫化したものです。